再任拒否と司法改革

司法の危機から半世紀、いま司法は

宮本康昭・大出良知 著

日本評論社

はしがき

わが国の司法は、第二次世界大戦後の改革によって、いっとき自由と独立を手にすることができた。それも束の間、「逆コース」といわれる反動的な社会の再編成に司法の世界も足並みを揃えていくのだが、その端境い期に私は実務法曹への道を選んだ。

日々、自由な空気を浴び、それが司法に本来のものだと思っていた私たちは、憲法の精神に反するような裁判が行われたり、司法政策が打ち出されたりする都度、それは古い型の裁判官が残っているからで、おれたちの時代になれば司法は良くなる、とまじめに仲間たちと話していた。

旧満州国司法部の中枢にいた裁判官たち、誰ひとりとして戦犯に問われることもなく公職追放にも遭わなかった裁判官たち、が次第に姿を消し、「新憲法」と呼ばれた日本国憲法の下で育ってきた私たち裁判官らが中心になってきたら司法の世界はきっと良くなるだろう。われわれがひとり立ちするころ、それまで一〇年だ、本気でそう思っていた。一種の世代論である。

法社会学者の潮見俊隆氏はそのころ「裁判は上に行くほど悪くなる」と唱えていた。上に、つまり上級審に行くほど悪くなる。これもやはり世代論である。

しかし、時間が経って旧い人たちが退いていってもまわりの空気が変わるわけではない。裁判が上に行って悪くなることもあるが下からずっと悪いことも多くなっていく。

時間が経てばいい、人が変わればいい、というそんな幼稚なことではないことに間もなく私たちは気づかされてしまう。問題はやはり制度にあり、司法の構造にある。それは政治に動かされ得る、という構造をも含むものだが、そのように考えなければならないものだということに、である。

そのことに私たちはだんだん気づかされ、それを私たちが変えなければ司法の正しい姿は取り戻せないのだ、ということにも気づかされていった。

私が判事補に任官したのが一九六一年（昭和三六年）だが、総括裁判官候補者指名権を裁判官会議から奪ったり、裁判官を勤務評定するという動きはすでに一九五五年から始まっており、一九六四年には臨司意見書、一九六五年には裁判官会議の権限の長官・所長への吸い上げ（権限委譲）の全国展開など司法の民主主義に逆行する動きはだんだんと顕著になってきた。

それを押し止めるための関わり方としては、差し当たり、三つの方法があっただろう。

一つは、裁判に携わる者としての、裁判とか法廷での立ち振舞い、裁判の進め方をめぐってのもので、東大裁判での欠席裁判についての態度などがその例である。

二つには、司法行政といわれる、裁判所の構成員としての対応や発言を通してのもので、裁判官会議の権限委譲への態度表明は典型的だが、夜間令状請求の翌日処理への対応といった日常的なものもある。

三つには、裁判官としての職務を離れた個人としての人や地域や団体を通しての発言や行動である。

本書では、一つめ、二つめのものには触れずあるいはほとんど触れず、三つめのものに限定して記述した。

これが第一部「再任拒否の経緯」で、その多くが青年法律家協会（青法協）裁判官部会との関わりでの出来事や行動の記録であり、私自身が当事者となったことがらに多くを割いている。

一九七三年四月に私は裁判官を退官し、弁護士（東京弁護士会所属）に転じた。私はそれ以後、司法部の外からその現状を眺め、主に日本弁護士連合会（日弁連）と東京弁護士会（東弁）を活動の舞台として行動した。

もっと具体的には一九九〇年代はじめまでは日弁連と東弁のいずれも司法問題対策（特別）委員会で、一九九〇年後半からは日弁連の司法改革推進センター（のち推進本部）と司法改革実現本部でということになる。

この時期に関するのが第2部「司法改革を目指して」である。

一九九〇年前半までの間は最高裁の裁判と裁判官の統制策に対する弁護士会の反対と対抗策に明け暮れたということができる。司法当局は一九七〇年前後のような強硬策は控えるものの、司法の民主主義とほど遠い施策をとりつづけ、弁護士会はもぐら叩きのようにその対応に追われていた。

一九七〇年代司法、一九八〇年代司法をどう位置づけるかについては、一言で断じ切れないところも多く、それが本文にもにじみ出ているが、そうした中でも二〇年にもわたる司法の停滞と国民不在の状況が国民の司法不信とこれを変えなければならないという〈司法改革〉の機運を醸成することとなったことは見て取れるだろう。

そしてこれが一九九〇年代後半からの司法制度改革に結果していくのであり、第2部の後半と、あわせて第3部「司法制度改革の経緯」は、これへの私の関わりをやや詳しく追跡するものである。

「司法の民主化」あるいは「市民の司法」を大事に思うという人たちからは第1部と第2部の前半部

分については大きな反論がでることは想定しにくい（現在の司法のありかたを「擁護する人」と「批判する人」という大きなくくりの中では、反論は当然想定し得るところである）。

しかし、第2部後半の司法制度改革とこれへの私の関与については、司法の民主化を求める人々の中からも批判があることを予想できる。それゆえ、予めここで述べるが、私は今次の司法制度改革の趣旨に賛同し、その結果の多くについて成果があったものと評価するのである。

それは、私が裁判官として歩み始めたころから存在し、その後も増大しつづけたもの、司法の民主主義を阻害するもの、を取り除くには司法の改革を措いて他に方法はないと思うからである。

司法制度改革がなかったら、司法に国民が参加する手だてはなかった（裁判員制度、起訴強制制度、裁判所委員会制度）、拘束された者を公費で支援する弁護士は一人もいなかった（二〇一九年の被疑者国選弁護は八万〇一四五件）、民事法律扶助への国費支出は年間三億円のレベルを出なかった（二〇二〇年現在法テラスへの国庫支出は三二七億五〇〇〇万円）、裁判官の任用、裁判官の勤務評定はブラックボックスのままだった（裁判官指名諮問委員会制度により、すべての判事・判事補の任用についての審査が可能となり、裁判官考課の事前開示・事前聴聞、不服、部外意見表明が可能となった）など、司法制度改革はさまざまの問題をはらみながら大きな一歩を踏み出した、と考えている。

第4部では司法の現在の姿についての印象と改革をさらに進める視点について述べた。いずれも本来深い分析を要するところであるが、ラフなデッサンをしたにすぎない。他日を期したい、第4部では右の二点のほかは周辺事実と語り残したものの補足である。

宮本　康昭

目次

第1部　再任拒否の経緯

自衛隊のミサイル基地建設のために行われた保安林の指定解除処分について、その取消しを求める訴訟が近隣住民から提起され（いわゆる長沼ミサイル基地訴訟）、自衛隊の合憲性が正面から争われると予測されていた。その訴訟を担当した札幌地方裁判所の裁判長福島重雄に対して、当時の札幌地方裁判所長平賀健太が事件の処理の方向性を具体的に示唆する書簡を交付した裁判干渉事件が、一九六九年九月一四日の報道によって表面化した（平賀書簡事件）。それから一年半余、事態は、思わぬ方向へと展開していた。裁判干渉は、先輩からのアドバイスにすり替えられ、福島による事件の公表は、福島が青年法律家協会（青法協）に所属していたからであるという攻撃が急速に展開されていく。政権政党も加わっての護憲団体である青法協に対する「反体制的団体」というレッテル貼りなどの攻撃により、一九七〇年に入ると、青法協に所属する最高裁事務総局の局付判事補たちが集団で脱会することになり、一九七〇年四月には、青法協会員等の裁判官任官希望者の任官が拒否されることになった。そのような動きは、日本国憲法八〇条によって規定された一〇年という任期終了時点で、それまでの再任という慣例を無視した再任拒否にまで及ぶのではないか、という漠然とした予測が広がっていた。

宮本康昭も年度末を迎え、「あるいは」という想定が、脳裏を過ぎらなかったわけではなかった。ということもあり、その場合に備えた準備をしていたが、他方で「まさか」という気持ちも強く、一九七一年三月三一日を迎えていた。

（大出良知）

第1章

再任拒否前後

1　再任拒否

大出　再任拒否の第一報は、いつ入ってきましたか。

宮本　三月三一日の夜遅く、というか深夜ですね。何人かの報道機関の記者から「最高裁から連絡がありませんでしたか」という電話が自宅にありました。それぞれから、いろいろ聞かれました。ここ数日何か動きはありませんでしたか、といったことから、メディアが握っている情報についての周辺事情を聞かれました。具体的には、たとえば、平賀書簡の報道については関係しているのですか、といったことでした。そのとき、記者がはっきり言ったわけではありませんが、最高裁の裁判官会議についての何らかの情報を掴んだのだろう、これは再任拒否だなと思いました。

大出　三月三一日に最高裁の裁判官会議があったことは間違いないようですが、その時点では、必ずしも明確な情報だったわけではなかったのでしょうね。

宮本　それでも、翌四月一日（木）には、熊本地裁に報道陣が押し寄せてきていました。登庁してすぐ所長に会いに行きました。所長に「何か通知はないですか」と聞いてみましたが、「何も聞いていない」とのことでした。

大出　東京では、朝刊の多分最終版だと思いますが、毎日新聞と読売新聞が、第一報を流していますから、電話はそのウラとりだったんでしょうね。裁判官会議の内容については、そこそこ書かれていましたが、拒否対象者の名前はまだ出ていません。ウラがとれなかったからでしょうね。熊本では、新聞報道はなかったのですか。

宮本　記憶にありませんが、なかったんでしょうね。

大出　その日のうちに具体的な情報は入ったのですか。

宮本　午後になって、報道関係者から「宮本さんが再任を拒否されたそうです」という情報がもたらされました。それだけではまだ真偽のほどは分からないと思い、高裁長官に電話をしてみましたが、「そのようなことはあり得ないと確信している」という回答です。埒があかないので、所長から最高裁人事局に電話で問い合わせてもらうことにしました。その回答は、「何も述べられない」という木で鼻をくくったような返事でした。

大出　結局確認できなかったわけですか。

宮本　しかし、先程とは別の報道関係者からも別のソースからの情報を確認することができましたから、再任拒否は間違いないと判断して、写真撮影などにも応じることにしました。報道関係者から伝わってきた再任拒否理由は、第一に、東大裁判（※第4部二三八頁参照）で欠席裁判を行わなかったこと、第二に、平賀書簡の公表に関わったこと、第三に、青法協の会員であること、といったことでした。どこから出た情報か分かりませんでしたが、ずっと前に先輩の裁判官から最高裁から出た情報として教えられていたのと同じ内容でした。いずれにしても、第一点目は、私だけでできることではありませんし、第二点目は、事実ではありませんから、結局、青法協会員であることが中心的な理由なのだろうと考えるほかありませんでした。

大出　東京の毎日新聞だけは、夕刊で宮本さんの名前を拒否対象者として断定的に報道していましたが、今あげられた第一と第二の理由も書かれていましたから、確実なソースを掴んでいたんでしょうね。裁判所のルートでの情報はどうなっていたのですか。

宮本　何もありません。しかし、すでに報道はされていましたから、あちこちから問い合わせがあったり、主として九州各地から裁判官たちが次々に訪ねて来て、ずっと夜までいましたし、記者たちも東京から来た人も含めて昼間から夜まで出入りしていましたから、その対応に追われていました。若手の裁判官たちからは、テレビに出るとか集会に出るとか声明を出すとか、とにかく動きを作ってくれとさかんに言われましたが、それはダメだと拒みました。四月三日になって、やっと時間がとれて福岡高裁に出かけて長官に会いました。でも、長官から何か具体的な情報があったわけではなく、私の方から再任拒否の問題に対する意見を述べるということでした。

大出　具体的にはどんな内容でしたか。

宮本　報道などで伝えられている理由には根拠がなく、青法協会員であるということが唯一の理由としか考えられない。あくまでも理由の開示と再任を求めたいといったことだったと思います。そのとき、地裁裁判官としての再任は拒否されても、簡裁の裁判官としての身分は残るのではないか、ということをおぼろげながら考えていました。

大出　そのことが後で生きてくるわけですね。

宮本　そうですね。

大出　ところで、報道関係以外の動きで、どのようなことをご記憶ですか。

宮本　早々に、熊本県弁護士会から事情が聞きたいという話があったり、各地で修習中の司法修習生からも要請があったりしたと思いますが、一番大きいのは、熊本地裁管内の同僚の裁判官が四月二日には動き始めて、五日の午後に裁判官集会を持ったことです。人吉支部長の池田憲義さんが呼びかけてくれました。私は出席しませんでしたし、地裁と家裁の所長も出なかったと思いますが、管内の判事、判事補、簡裁判事の二四名が参加して、最高裁に「要望書」を提出することを決め、参加した裁判官が全員署名しただけでなく、参加できなかった裁判官も含めて熊本管内の全員二九名が署名した私の再任を求める「要望書」を最高裁に送付しました（太田朝章「宮本裁判官再任『要望書』について」『市民の司法をめざして』五〇七頁〔日本評論社・二〇〇六年〕）。それが新聞に出て、引き金となり、いっせいに全国から要望書が出ました。たとえば大分の鈴木悦郎さんが独自に同期の九州の裁判官の署名を集め、それがまた新聞に載るというようなことでした。鈴木さんの求めに応じて署名をしたのは、九州にいた司法修習一三期の同期の方たちです。石井恒、石田実秀、井関正裕、上杉晴一郎、内園盛久、柴田和夫、菅原敏彦、鈴木悦郎、田川雄三、田畑豊、松信尚章、松本光雄の一二人です。署名しなかったのは、一人だけでしたね。

大出　結局、裁判所での正式の通告というのは、一三日ということになったのですか。

宮本　報道関係者の話では、六日に裁判官会議があり再任拒否について決定があって、七日に正式通告ではないかという情報が流れてきたりしていました。ですから、そのつもりで準備もしたりしていましたが、それは空振りで、最終的に、四月一三日、確か火曜日だったと思いますが、その日になって、地裁所長（駒田駿太郎）から口頭で、再任拒否との通告を受けました。

大出　新聞報道によりますと最高裁から地裁に電話連絡があったということになっています。その連絡には、「熊本簡裁判事の任期は終了していない」という内容も含まれており、地裁所長から合わせて伝えられたということになっていますが。

宮本　記憶にないですね。

大出　通告を受けて記者会見に臨まれ、冒頭、声明を読み上げられたようですが、準備されていたということですか。

宮本　そうです。裁判官の身分保障が危険にさらされ、司法権の独立も危うくなるということでの抗議声明だったと思います。

大出　新聞報道によると、「満腔の怒りをこめて、最高裁当局の措置に抗議するものであります」とも述べられたようですね。その後の記者会見では、簡裁判事の任期のことについて聞かれて、「現時点では決めかねている。それよりも、ぼくがいますることは、再任要求をつづけることだ。それが唯一の要求だ」と述べられたようですが。

宮本　どうもそれも記憶にないのですね。

大出　翌一四日の全国紙に、手記を寄せられていますね。概ね巷間拒否理由として流布されていた三点、東大欠席裁判問題、平賀書簡公表問題、青法協加入問題について、可能な反論をされ、憲法上の裁判官の身分保障の重要性が、宮本個人の問題にとどまらないことを述べられていたと思いますが。

宮本　朝日新聞と毎日新聞には事前に依頼されていて一四日に間に合うように書きましたが、読売新聞にもその後依頼されたと思います。

大出　ところで、記者会見で、「上京して直接抗議することは考えているのか」と聞かれて、「近い将来に、最高裁長官に会見を求めるつもりでいる」と応えられていたことになっていますが、翌一四日には東京へ向かわれていますね。それは事前に決めていたのですか。

宮本　一三日に閣議で最終決定があるだろうということは分かっていましたし、拒否理由も明らかにされないだろうと予測できましたから、正式に再任拒否が通告された時点でどうするかについては、熊本の、青法協会員に限らず、裁判官の方たちや、九州の青法協の仲間、それから東京にいた裁判官部会の人たちとも相談しており、直ちに行動を起こすつもりではいました。それで、次の日、四月一四日に、福岡高裁へ行き、川井立夫長官に会うことにしました。当然、再任拒否の理由を尋ねました。しかし、長官の回答は、「再任拒否の理由は知らされていない、意外だ」というだけでした。想定はしていましたので、長官にその旨言ってそのまま福岡から東京へ向かいました。飛行機の予約もしてありました。

2　最高裁へ

(1)　矢口洪一人事局長との面会

大出　東京に着かれたのは何時頃かご記憶ですか。

宮本　夕方の六時近かったと思います。羽田には、事前に連絡をしてあったので司法修習一三期の同期で東京家庭裁判所に勤務していた守屋克彦さんと鈴木経夫さんが出迎えてくれました。報道関係者もかなりの人数いたと思います。

大出　新聞報道によると、モミクチャにされながらその場で記者会見をされたということになっていますが。読売新聞の翌一五日朝刊の記事によると次のように述べられたことになっています。「石田（和外）長官に直接お目にかかるつもりで来た。再任拒否の理由を聞きたいことと、再任をお願いすることが目的です。再任拒否について、自分としては、青法協会員であること以外に理由は考えられず、拒否されることは身に覚えのないことということも話したい。再任を拒否された心境は、きのうの声明につきている。」ということですけれど、ご記憶はありますか。

宮本　記事になっているとすれば、話したんでしょうね。ともかく、拒否理由の開示と再任拒否の撤回を願っていましたから。それにしても、報道関係者が熱心に付き合ってくれました。

大出　その後はどうされました。

宮本　二人のどちらかがホテルをとっていて、ホテルまで一緒に行って、翌日最高裁へ行くのに同行することになりました。

大出　最高裁には、いつ連絡をされたのですか。

宮本　一五日（木）の朝、最高裁に電話しました。事務総長（吉田豊、一九七〇年七月一八日～七三年二月二四日）に会いたいと言ったところ、事務総長は所用があるので、矢口洪一人事局長（一九七〇年一二月～七六年六月）が対応する、とのことでした。

大出　人事局長が会うということは、すんなりいったのですか。

宮本　そうですね。

大出　新聞などで、石田長官に会いに来たといった報道がなされていましたが、石田長官に会いたいとは言われなかったのですか。

宮本　現実的ではないし、長官に会いたいとは言いません。

大出　最高裁へは、どのように行かれたのですか。

宮本　当日は、確か雨模様でしたから、ホテルから三人でタクシーで行きました。当時は、まだ霞ヶ関にあったレンガ作りの旧庁舎でしたから、正門から入れましたね。マスコミ関係者がもう来ていました。

大出　前日に最高裁に行くことは話していたということですね。

宮本　そうだと思います。司法記者クラブの幹事社の新聞記者が接触してきて聞かれたので、「矢口人事局長に会いにいく」と言ったら、「記者会見を開いてほしい」と言われましたので、「会った後ならいい」と答えて、三人で庁舎の中に入りました。私が先頭で正面玄関から入って、正面に階段があって、その階段を上がるとホールになっていて、そのホールにはカメラがいっぱいいました。守屋さんと鈴木さんが後からついてきたはずだったのですが、気配で分かったのですが、二人はいつのまにか事務局の人に連れて行かれていて、私が階段を上がって写真を撮られたときには、二人はいませんでした。

大出　最高裁に着かれたときに事務総局の人が出迎えに出ていたということですか。

宮本　そういうことだったかもしれません。その後、私一人二階の部屋に連れて行かれました。事務総長室か人事局長室だと思いますが、だだっ広くて殺風景な部屋でした。部屋に入ったら、人事局長がいました。初対面でしたが、見たことのある顔ですぐ分かりました。もう一人、千葉和郎氏がいました。千葉さんは、東京地裁刑事部で一緒でしたので、よく知っていました。

大出　千葉氏は、どういう立場だったのですか。

宮本　秘書課長と広報課長を兼務していたと思います。

大出　どの程度の時間の面談だったのですか。

宮本　正確には分かりませんが、二、三〇分くらい話したと思います。こちらの話に対して矢口氏は、再任というのは自由裁量だということを強調していましたね。再任拒否理由については、一三日以降最高裁が公式に表明したこと以外は、すべて憶測に基づいていて、最高裁は一切関知していないという言い方でした。東大裁判のことや、平賀書簡のことを私の方から聞くことはしませんでしたが、青法協会員であることを考慮したのかは聞きました。それに対しては、最高裁の裁判官は全員、私が青法協の会員であることを知っているが、再任するかどうかの資料の一つにしたということはない、ということは言っていました。要は、理由については、私に対しても一切明らかにしないという対応でした。それで、

「再任するようにぜひ石田長官や各裁判官に伝えてほしい」と言いましたら、それには、「伝える」と答えていました。一般論として、「資格があるのだから、申請があれば検討することにはなるでしょう」とも言っていたと思いますが、特別の意味はないと思いました。結局納得のいく説明は得られませんでしたから、「今日の話は、意に満たないものです」と言ったら、局長も、「恐らくそうでしょう」とは言っていましたね。

大出　他に印象に残っていることはありますか。

宮本　面談の間はとくに沈黙の時間はありませんでした。最後の方でだったと思いますが、千葉さんから、「所長の承認を得てから来たか」といった質問があって、「報告してきました」と言うと、「休暇願か旅行届けは」と聞かれたので、「出してきました」と答えました。そんなことで、もうそれ以上話していても埒があかないと思われたので、自分から席を立ちました。そうしたら、また千葉さんが、「最高裁の前に報道陣がきているので、お帰りになるとき報道陣がいて支障があるなら別の出入口がありますから」と言っていました。それに対しては、「結構です」と言って正面玄関から出ました。正面玄関には記者の人が待っていて、記者会見場を用意しているからということで、赤坂プリンスホテルの旧館に車で連れていかれました。

大出　守屋さんと鈴木さんはどうされたのですか。

宮本　二人一緒に小部屋に案内されて待たされていたようで、赤坂プリンスホテルで合流したと思います。

大出　千葉課長が、「休暇願」のことなどを言い出したというのは、当時、もう、出さないとうるさかったのですか。

宮本　そんなことはありませんでした。私は、そうくるだろうなと思って、出しておきましたけどね。ボディ・ブローを効かせようと思ってそう言ったんでしょう。ちなみに、休暇願は有給休暇のことですが、出す慣行はありませんでした。私も、このときまで一〇年間出したことはありませんでした。

大出　実は、当日の毎日新聞の朝刊には、多分前日の羽田での会見内容だと思いますが、「宮本裁判官は三日間の休暇願を駒田熊本地・家裁所長に出し、さらに途中福岡高裁に立寄り『上京する』と報告したという」という記事が載っていました。確認していなかったのですかね。

(2)　赤坂プリンスホテルでの記者会見

大出　記者会見ではどのようなことを話されたのですか。

宮本　面会の内容を聞かれましたから、こちらから話したことはすべて答えましたが、矢口さんが「私の一存では言えません」といった向こうの判断で述べたことは話していません。人事局長に「記者会見はしますか。そこでは今日の話の機微に触れることは言わないでください」と言われましたので、「心得ています」と答えていたように思いますね。

大出　言って不都合なことというのは何だったのですか。

宮本　何だったかな。記憶にないですね。

大出　新聞報道によれば、先程お話しいただいたことなどはほとんど話されているようですから、記者の人たちが聞きたかったことは大体話されたのでは。会見の途中で、それはちょっと話せない、といったことがあったのですか。

宮本　それはなかったと思います。「口外しないならば教える」とかそういうことではなくて、「この話は、外に出さないようにしよう」、「そうですね」といったことだったかもしれませんね。話はこの一回で終わるのではなく、まだ続くのだというニュアンスで、「今の段階では、最高裁の態度については、出さないでおいてくれないか」、というようなことだったかな。それで、矢口さんも、「それでは今の話は伝えます」、と言ったのかもしれない。

大出　裁判官会議に伝える以上、まだ人事上の問題として公にされては困ることがあるというニュアンスといったことだったのですかね。

宮本　そういうことだったかもしれませんね。

3　再任拒否の経緯、理由など

大出　結局最高裁は、公式には、再任拒否理由について一切公表しなかったわけですけれど、非公式に流れてきた情報というのもなかったのでしょうか。

宮本　当時大阪弁護士会出身の最高裁判事だった色川幸太郎という方が、判事を退官した後の大阪弁護士会の講演で、裁判官会議の中身について話したということを聞いたことがあります。中身は、再任対象者について公安資料の類が用意されていたというような話だったようです。中でも青法協関係者の分が他の人に比べて異常に多かったということ、資料の内容については話していなかったようですが、資料に信憑性があるのかどうかという点の見解の差異によって再任についての判断も分かれたといったことを話されていたようです。

大出 色川さんが退官したのが一九七三年一月二九日で、大阪会の会報一三三号（一九七五年二月一五日）の三九頁以下に、「この人にきく」という色川さんが話された内容が載っているのですが、そこには今のような話は載っていないですね。青法協関係者というのは、宮本さん以外はどなただったのでしょうか。

宮本 青法協会員は守屋克彦、鈴木経夫、鈴木悦郎、田中昌弘の四人だったと思います。

大出 その他に当時最高裁の判事だった人で、この再任拒否の理由について具体的に話した人はいませんが、田中二郎氏は、理由を開示しないという最高裁のとった姿勢に「問題がないとはいえないでしょうね」と述べたり（野村二郎『法曹あの頃上』二三八頁（日本評論社・一九七八年））、抽象的に「裁判所外の関係で、司法行政については非常に強い影響力を持っている人たちから、青法協対策を早急に講ずべきだという働きかけがあったことも事実です。また、最高裁の中にも、外のそういう声に呼応するかのごとく、この問題について対策を講じなくてはいけないと考えていた何人かの人がいました」（「日本の最高裁判所――田中二郎先生に聞く 第四回」ジュリスト七七一（一九八二年七月一五日）号一〇八頁）ということまでは述べていましたが、結局、裁判官会議の内容は明らかにならなかったということですね。

宮本 直後に最高裁の裁判官会議の内情を報道した朝日新聞社は、内容に誤りがあったということで謝罪してしまいましたしね。

大出　再任拒否について閣議決定のあった一九七一年四月一三日の朝日新聞の夕刊の「再任拒否の内幕」という記事と四月二三日付の週刊朝日の「最高裁裁判官会議の全容」という記事ですね。その経緯を以下で簡単に振り返っておきたいと思います。

［四月一三日夕刊一面の記事］

「部内に流れるさまざまな情報」によって確認した裁判官会議の内容の要点は、次のようなことだったとしていた。

① 会議は、石田和外最高裁長官と、長官に近い筋の強いリードで運ばれた。

② 会議は、三月一七、二四、三一日の三回行われ、一回目に最高裁事務総局が提出した資料は、宮本判事補等五人の青法協会員など要注意とみなす判事補の分だけであり、その中には、任官以来一〇年間の行動に関する関係機関の資料が含まれていた。

③ 最高裁判事の中から、全員の資料がそろわなければ審議できないという意見が出され、事務総局が残りの判事補全員の資料を報告したが、それは、再任希望に添付された地家裁所長や高裁長官の意見だった。

④ 青法協会員を再任するかどうかの本格的議論は、二回目に行われ、一五人の判事が一人ずつ意見を出し、積極的な再任拒否論、はっきりした再任論、断定的ないい方をしなかったもの、の三つが同数に近く、そのためか結論が出なかった。

⑤ 三一日に開かれた三回目の会議の際には、会議が始まる前に、四月二日付で最高裁判事に任命さ

れる岸盛一東京高裁長官が前最高裁事務総長という立場で、「青法協にはき然とした態度を」という意味のことを述べた。

⑥ 会議が始まると、再任拒否反対論から先に意見を求められ、田中二郎、色川幸太郎、飯村義美が発言した。

⑦ その後、宮本判事補に関する関係機関の調査をもとにした「平賀書簡の公表に関与した」という資料が問題になり、公表問題を理由にすることに反論が出たが、「この事実がなかったとはいえまい」との意見が出て、しばらく沈黙が続いた後、ある判事の「全員一致ですね」という発言をきっかけに、石田長官が再任拒否を決定した。

[四月二三日付週刊朝日二六～三〇頁]

週刊朝日の再任拒否を決定した最高裁裁判官会議の経緯については、基本的に前掲朝日新聞夕刊（朝日夕刊）の記事を詳しくしたものであり、その後の展開との関係で重要と考えられる点だけ紹介しておくことにする。

〈1〉朝日夕刊②⑦の「関係機関」が、「公安当局」とされている。

〈2〉三回目の会議の前日の「三月三〇日夜から三一日朝にかけて、再任派と保留派のほとんどの判事に」、再任拒否強硬派（ワシ派と呼ばれている）からの説得が行われたとされている。

〈3〉ワシ派が、その「青法協に対しては毅然たる態度で」という趣旨を貫くために、「五人のなかでも活動家に限ってはどうしても再任できぬ」と新しい提案をし、平賀書簡公表に加担したとみられていた宮本判事補にしぼられていったとされている。

〈4〉「宮本判事補の再任問題に関する最高裁一五判事のそれぞれの見解」が一覧表として次のように示されている（○は再任賛成、×は再任拒否、△は保留）。

	3・24	3・31		3・24	3・31		3・24	3・31
下田武三	△	△	石田和外	×	×	田中二郎	○	○
長部謹吾	×	×	色川幸太郎	○	○	下村三郎	×	×
岩田　誠	△	×	村上朝一	×	×	松本正雄	○	○
大隅健一郎	△	×	岡原昌男	×	×	飯村義美	○	○
藤林益三	○	×	小川信雄	△	△	関根小郷	△	△

〈5〉四月九日に行われた四回目の会議では、宮本判事補を名簿から落とすことを確認したものの、「今後本人の反省がいちじるしいと認められれば、改めて考慮する」という含みをもたせて、宮本判事補を除いた再任名簿を内閣に送ったとされていた。

両記事を受けて最高裁は、「さっそく裁判官会議の出席者全員に照会して、会議の内容を直接記者にもらしたものがないという回答を得たうえで」、四月一四日、事務総長が朝日新聞社に対して、「すべて推測に基づくねつ造」ときめつけて、記事の取消しと謝罪を要求してきたという（『朝日新聞社史　昭和戦後編』五〇一〜五〇二頁（朝日新聞社・一九九四年）。その要求の内容は、一九七一年五月一日付「裁判所時報」に収録されている）。

これに対して朝日は、最高裁に対し、「誤っている具体的な個所の指摘をもとめたが、最高裁側では『その問いにはこたえられない。ともかくまったくの誤りである』というだけであった。」（前掲『朝日新聞社史』五〇二頁）。（大出）

大出　以上のような朝日の報道について何かご記憶のことはありますか。

宮本　結局どういうことだったのかは、薮の中ということでしたし、朝日が謝ったことで、最高裁への市民の批判の勢いがそがれた面があったことは否めなかったですね。

第2章 再任拒否への予兆

1　一九六〇年代の裁判所をめぐる状況

(1)　青法協の創設と司法の状況

大出　まず再任拒否前後のお話から伺いましたが、再任拒否にいたる裁判所をめぐる大状況についてもいくらか確認しておいた方がよいかと思います。宮本さんが任官されたのは、再任拒否の一〇年前ということですから一九六一年四月ということですね。

宮本　そうです。一九五九年の四月からの司法修習です（福岡修習）。

大出　いわゆる「六〇年安保」の時期ですね。

宮本　福岡では、三井・三池炭鉱の大争議が始まりました。三池に泊まり込みで三池労組の支援に行っている修習生もいました。安保反対では、福岡修習のほぼ全員が一緒になって毎日のようにデモに行っていましたし、裁判所も止めたりしませんでした。

大出　青法協にはいつ入られたのですか。

宮本　青法協自体は、一九五四年四月二四日に、破防法反対をきっかけに、護憲を旗印に設立されていましたが、私が入ったのは、同期の修習生の中では遅い方で、一九六〇年の暮れ、後期修習開始後だったと思います。

大出　その頃からですか、六〇年安保のあと、青法協会員の裁判官が増えたのは。

宮本　そうですね。六〇年安保のあと、どんどん増えていましたね。一九六二年には、八八名でしたが、一九六三年には、一〇一名、一九六四年には一三〇名になっていました。そして、一九七〇年には、三五〇名になっていました。六〇年代の前半は、任官者のほぼ三分の一位の人が、六〇年代後半になると約半分ぐらいの人が、会員になっていましたし、裁判所内部でも、事実上公認されていました。後に、最高裁判事になる戸田弘、岸盛一といった人も司法修習生部会の研究会には顔を出していました。もっとも、岸さんは、後で、攻撃の中心人物の一人になりますけど。検察官志望者もいましたよ。

大出　その他に裁判所をめぐる状況ということで触れておいていただく必要があることはどのようなことですか。

(2) 司法の変化の兆し

宮本　判決の動向も地裁あたりから徐々に変化していましたね。人権や民主主義に配慮を示す傾向が見え始めていました。東京地裁の公安条例違憲判決（一九五九年）、区長公選制廃止違憲判決（一九六二年）、砂川事件駐留米軍違憲判決（一九五九年）、東京都教職員組合勤務評定反対闘争について地方公務員法のストライキ刑事罰違憲無罪判決（一九六二年）、全逓信労働組合東京中央郵便局職員のストライキについて、公共企業体等労働関係調整法（公労法）のストライキ刑事罰違憲無罪判決（一九六二年）などがあります。後の二つは、ご承知のように、最高裁が、全逓中郵事件で一九六六年にストライキに刑事罰を規定した公労法を違憲、都教組事件で一九六九年に同じくストライキに刑事罰を規定した地公法を違憲と宣言することになります。その他にも、福岡地裁が学力テスト違憲判決（一九六四年）、札幌地裁の恵庭事件無罪判決（一九六七年）などがあり、この恵庭事件が、平賀書簡が問題になる長沼訴訟につながっていくことになりますね。

大出　裁判所内部の雰囲気も変わっていったのでしょうね。

宮本　裁判所の中に自由な雰囲気が広がっていきましたね。青法協の裁判官部会では、裁判官会議の月一回定例化や裁判官会議で必ず発言しようと提案していましたし、それに呼応した動きもありました。私も、裁判官会議では、必ず発言するようにしていました。

(3) 「司法の危機」への序章

大出　そのような状況の中で、六〇年代後半に入ってのいわゆる右翼ジャーナリズムによる青法協に攻撃の的を絞った裁判所攻撃が始まるわけですね。

宮本　攻撃の最初の一撃というのが、先程述べた労働問題、自衛隊問題で政治権力と裁判所の判断が対立し始めたといってよい一九六七年の九月でしたね。「全貌」という雑誌の一〇月号の記事でした。

大出　その後の経緯の詳細については、当時青法協の事務局長を務めていた鷲野忠雄弁護士がまとめられた『検証・司法の危機一九六九―七二』（日本評論社・二〇一五年）を参照してもらいたいと思いますし、長沼訴訟を中心とする「司法の危機」の経緯については、私どもが関わっている『長沼事件　平賀書簡』（日本評論社・二〇一三年）をご覧いただきたいと思いますが、最小限の確認をしておきたいと思います。その「全貌」の内容はどういうことだったのですか。

宮本　「裁判所の中の共産党員」という見出しで、青法協裁判官部会の会員の名簿が載せられていました。

大出　攻撃的記事を掲載していたのは、「全貌」だけではなかったですよね。

宮本　後を追うようにして、「経済往来」や「日経連タイムズ」も、「偏向判決」や「偏向裁判官」といったキャンペーンを始めています。それで、重大だったのは、「全貌」の一〇月号が、裁判所内部に配付されていたことです。東京地裁でも裁判官研究室に置かれていて、「寄贈」というスタンプが押されていました。ところが、国会で追及された最高裁の寺田治郎総務局長（後の最高裁長官）が、裁判所の予算で購入していたことを認めました。各裁判所に配布したことまでは認めませんでしたが、購入した部数は、追及した議員が明らかにしたところでは一七〇部だったということです（第五六回国会法務委員会議録第三号〔閉会中審査〕一九六七（昭和四二）年一一月一日一四頁。なお、鷲野忠雄『検証・司

法の危機一九六九—七二』二頁参照（日本評論社・二〇一五年））。

大出　その時点での青法協関係者の問題関心はどうだったのですか。

宮本　嫌な感じはしましたが、その後の展開まで予測した人はいなかったでしょうね。まさか、最高裁が「全貌」を大量に購入、配布するとも思っていませんでした。

(4)　権力中枢からの攻撃の開始と石田長官の就任

大出　ほぼ一年後の一九六八年八月七日付の自由民主党の機関誌「自由新報」が、一面トップで「偏向裁判が行われている？　青法協があやつる公安労働事件」という記事を載せることになりますね。そして、そのすぐ後には、元司法大臣・防衛庁長官の木村篤太郎氏や元内務大臣の安部源基氏を代表として、自民党中枢ともつながっていた新日本協議会が、全裁判官宛に「法秩序維持についての意見書——特に裁判官各位に御願いする」（九月一〇日付）という文書を送付することになります。これも、青法協を「左翼法曹人の団体」と断定し、青法協会員裁判官に攻撃の矛先を向けたものでした。

宮本　今となってみれば、系統的に手が打たれていたように思われます。事態は進んでいたのに、危機意識が足りなかったのは間違いないですね。

大出　翌一九六九年の一月には、石田和外最高裁長官が誕生します。その決定過程には、前出の木村篤太郎氏の政治的陰謀があったという、当時毎日新聞の記者だった山本祐司氏の見解が流布されていますが（『最高裁物語上巻』二八八～二九〇頁（日本評論社・一九九四年））、私は違う意見を持っています。詳しくは、「宮本再任拒否の背景と意味についての再検証」本林徹ほか編『市民の司法をめざして』一〇二頁以下（日本評論社・二〇〇六年）に書きましたが、私は、政権の動きに危惧の念を抱いた最高裁執行部が、政権に近い石田氏を長官に据えることで、事態を乗り切ろうとして最高裁自体が決定した人事だったと考えています。いずれにせよ、政治による司法の壟断への道が開かれることになったということでしたが、石田長官の誕生というのはどう受け止められていたのでしょう。

宮本　東大教授から最高裁判事になった行政法の大家、田中二郎氏が就任するのではないかと漠然と言われていました。石田氏については、全逓中郵で少数意見でしたし、タカ派的な人物で、木村氏とも近いということは知られていたと思いますが、その後の展開を予測するといったことはできませんでしたね。後になって、木村、石田、それと一九九二年になって最高裁長官になった三好達という辺りが近い関係で、裁判所の右傾化を画策したといった噂話が話題になったことはありましたが。

大出　こう見てくると、一九六九年の四月に、違憲立法審査権否定論者（その主張を展開した論文として「違憲審査と立法政策」〔『裁判法の諸問題（上）』一三頁以下（有斐閣・一九六九年）〕だった平賀健太氏を札幌地裁所長にしたという人事にも政治的意図を感じますね。長沼町にミサイル基地を設置するということは、前年の一九六八年五月に正式決定していましたし、反対運動も盛んになっていましたから、いずれ恵庭事件に続き自衛隊の違憲性を正面から争う訴訟が提起されることは、予測されていたでしょう。基地予定地の保安林指定解除の決定告示のあった七月七日には、住民から訴えが提起されていますね。準備していたということですね。いわゆる「司法の危機」の幕開けですが、序章は、しばらく前に始まっていたということですね。

2 「司法の危機」の幕開け

(1) 「平賀書簡」事件

大出 ところで、その時点では、「全貌」や新日本協議会の動き以外に、青法協会員への個別の攻撃はまだありませんでしたね。

宮本 あの時点では聞いていませんね。

大出 平賀さんの動きが具体的に始まるのは、八月四日だったと言われていますね。最初は、平田浩民事所長代行にいわゆる「平賀メモ」を交付します。この方は、当然ですが、賢明にもそれを無視します。それで、一〇日には、事件担当の裁判長である福島重雄氏を所長官舎に呼び出して、慎重な判断を求めることになりますが、その時点では、保安林指定解除の執行停止決定の起案が終了していて、決定は書記官に交付されており、一二日に決定送付の予定でした。平賀氏は、それを知って動いた可能性があります。福島氏を呼び出した翌日の一一日には、被告国から、急遽、補充意見書が提出され、決定の送達は延期されました。

そうして、八月一四日になって、福島氏の自宅官舎に、その後大問題になる「平賀書簡」が届けられるということになります。

この「平賀書簡」の扱いについて福島氏は、何人かの方に相談されたようですが、宮本さんにも相談があったということですか。

宮本　最初に相談されたのは、北海道の室蘭支部にいた守屋克彦氏だったと思います。その次に、二二日の決定交付の前後に陪席の二人の裁判官に相談されたようです。私のところに相談がきたのは、その前後だったと思います。コピーが送られてきました。

大出　どういう相談だったのですか。

宮本　「どうすればいいか」ということだったと思います。

大出　どういう経緯で福島さんから相談がくるということだったのですか。

宮本　もちろん、青法協の会員仲間だったからですが、それだけでなく、私が新潟地裁の長岡支部に勤務していた際（一九六四年四月～六七年五月）、福島さんがやはり新潟地裁の柏崎支部に来られて（一九六六年八月～六八年三月）、福島さんが長岡支部を填補していて合議を組んだりしていましたから。

大出　後で、そのとき、この「平賀書簡」をメディアに渡したのではないかということが、再任拒否の理由の一つのように言われましたが。

宮本　内容は、明らかに裁判干渉というべきものでしたから、公表して問題にすべきだということを福島さんには伝えました。でも、私自身がメディアに持ち込むということはしていません。

大出　札幌地裁では、九月一三日に、この問題をどう扱うかで臨時の裁判官会議を開いて、平賀所長を厳重注意処分にすることを決議していますが、この問題の公表については結論が出ずに持ち越しになりました。ところが、一四日には、テレビで報道されることになり、新聞は一五日の朝刊で一斉に報道することになります。

宮本　一三日に裁判官会議が開かれることを報道機関は察知していたようですね。裁判官会議のことがどうして漏れたかは結局分からずじまいです。一斉の報道は、一四日になって、平賀さん自身がテレビのインタビューに応じて「平賀書簡」を出したことを認めたことが大きかったのではないですかね。

大出　裁判所として、公表を正式に決めたのは、一五日の午前中に開いた裁判官協議会でのことだといわれていますから、公表のきっかけを作ったのは、客観的には平賀さん自身だったということかもしれませんね。それで、先にテレビに向かって、「良心に恥じることはない。この件に関して責任をとるつもりはない」と述べたわけで、所長解任ということになりましたが、その後の展開を見ますと、青法協攻撃への先鞭をつけたということにもなりましたから、どうにも奇異な感じがしますし、その後の展開が厄介でしたね。

宮本　一〇月一日付の自民党の資金団体である「国民協会」の機関誌に、飯守重任鹿児島地裁所長が「平賀書簡事件の背景」という平賀擁護、福島非難、青法協攻撃の文章を投稿するということで、動きが極めて早かったですね。

大出　要は、「私信である平賀書簡を公表したのは反体制的裏切り行為である。裁判官が反体制的な青法協に加入することこそが問題であり、最高裁判所は青法協会員裁判官に対して脱退するように勧告すべきである」といった主張でしたね。

宮本　一〇月八日になって、その「国民協会」の記事を、朝日新聞がスクープという形で報道し、すぐさま新日本協議会が、全裁判官に同趣旨の文書を送りつける、さらに痛かったのは、それにとどまらなかったことです。一〇月一三日と一五日に相次いで朝日と毎日に、裁判官は青法協加入を差し控えるべきだとする社説が出されることになったのです。

(2) 青法協攻撃の激化と局付会員の集団脱会

大出　各紙社説の背景に何があったのかということは、結局分からずじまいですね。その後の展開で最も衝撃的だったのは、やはり局付会員の集団脱会ですか。

宮本　そうですね。そもそも、青法協批判の全国紙の社説に最高裁が悪のりしました。当時の矢崎憲正事務次長は、国会答弁で、社説は「国民の声」だというようなことを言っています。そしてこれを有力な武器にして脱会工作が始められることになります。最初は、最高裁事務総局の各局に所属していた局付の会員がターゲットになりました。

大出　具体的な動きを察知された経緯は。

宮本　平賀書簡事件のあったすぐ後の一九六九年一一月末になってだったと思いますが、裁判所への通勤電車の中で、私と同期の局付の会員の一人から裁判官部会の組織改編の提案を聞かされました。要は、裁判官部会を青法協から分離して、新たな親睦・研究団体にしようというのです。

大出　その会員というのは、後に最高裁長官になる町田顕氏ですね。

宮本　彼は、非常に熱心な会員だと思っていましたから、ビックリしました。間もなく分かったのですが、その背景には局付判事補に対する当局の脱会工作があったということでした。具体的には、はじめは事務総局の幹部が官房部局の局付判事補を呼んで、「予算編成期に入ったが、青法協問題がこれだけ騒がれて来ると、予算に直接に関係ある君たちが青法協会員だということで自民党関係者にもまずい。予算にも響いて来る。予算審議の期間だけでも脱会してくれないか」といったりしていたというのです。

大出　その辺の事情は、一年ほど経ってから新聞でも明らかにされていましたね。

宮本　一九七〇年一二月一二日から毎日新聞に一〇回にわたって連載された「裁判官」という記事が、当時の裁判所の実情をかなり詳しく伝えています。とくにその二回目の「青い法衣」というタイトルの記事は、サブタイトルが「激しい〝脱会勧告〟」ということで一番詳しい内容になっていました。「最高裁事務総局で机を並べる同僚たちは、当時のいきさつをこう語る。〝課長はその判事補に、青法協を辞めないならばポストを替えると毎日攻めていた。私たちには、彼が青法協を辞めるまで書類をまわすな、といい、仕事の上でも村八分にした〟〝局長は最初レストランや自宅に招いてごちそう攻め、最後は、理屈じゃない業務命令だ、と叱りとばした〟」と書いていました。

大出　完全に権力による弾圧ですね。青法協内部では、どう対応されていたのですか。

宮本　そのような事態に、私も含めて部会の運営担当者は、局付に個別に会ったり、会合を持ったりして状況を聞きました。私たちは、「みんなと一緒に頑張ろう」と言いましたが、局付からは、「もう持ちこたえられない」という意見が多かったですね。それに、そういうことで行った意見交換の内容が、翌日には行政局の三好達課長に伝わっていて、「昨夜の会合では局付判事補が脱退したいというのに宮本裁判官が脱退しないように説得した」と私が首謀者のように扱われる有様で、会合の内容を当局がつかんでいて、それが私に伝わってくるといったことではどうにもならないという感じにはなっていました。

大出　それで諦めたわけではないですよね。

宮本　各会員の意見を集約したところ、要は、そのまま青法協にとどまるか、裁判官が集団で脱会するか、裁判官部会は独立して別個の団体を作るかのいずれかということでした。それで、年明けの一九七〇年の一月一三日に裁判官部会の総会を開いて結論を出すことにしました。局付の人たちも回答をそれまで待ってもらえるよう当局に申し入れて了解を取ったようです。

大出　とすれば局付の人たちの意向は決まっていたということではないのですか。

宮本　総会では、最後は、私たちが期待したように、裁判官部会の組織上の独自性をはっきりさせながら今後も青法協会員としての連帯を維持していくという意見が大多数を占め、分離独立論は否決されました。ところが、翌一四日に、局付判事補一〇名全員がそろって脱会届を出してきました。最後まで脱退反対を主張していた会員に対して、岸盛一事務総長が、業務命令として「青法協を脱退せよ」という指示をしたというのです。それで、脱退に消極的だった会員が抵抗力を失い、なお躊躇していた会員は、町田氏が説得して、全員が脱退届を出すということになったと聞いています。

大出　その影響は大きかったでしょうね。

宮本　これを契機に全国で一斉に脱退工作が始まりました。そのために利用された方法はおよそ裁判所の中で行われたとは信じられないような内容でした。説得、泣き落とし、酒食の饗応に始まり、ポストをちらつかせての誘惑、不利益処遇を示唆しての脅し、といったあらゆる手段が使われました。

大出　対象を選別することも行われたようですね。

宮本　そうですね。ちょっと押せば崩れる者、かなりの説得を要する者、改善不能者の三つのランクに分けられていたといわれています。

大出　その脱退工作の最も激しかったのは、宮本さんの再任拒否あたりまでということになるのでしょうか。

宮本　そうですね。ほぼ一年ほど脱退工作の嵐が吹き荒れ、三五〇名を超えていた裁判官部会の会員は、一年後には、二〇〇名まで減少していました。

3　熊本地裁着任前の東京地裁で

大出　青法協をめぐって事態が急展開を始めることになったわけですが、そのことで何か個人的に違和感を感じられるようなことがあったのかということではどうですか。

宮本　今から思い起こしてみればということですが、最初に違和感を感じた出来事というのは、西村法（さだむ）判事からの話でしたね。

大出　それは、いつ頃の話ですか。

宮本　一九六九年の秋ではなかったかと思います。

大出　飯守発言を機に青法協への非難・攻撃が始まってからですか。

宮本　そうだと思います。平賀書簡の関係のことを言われましたから。

大出　西村判事とのご関係は。

宮本　西村さんは、修習一期で、私が東京地裁で所属していた刑事一六部（一九六七年五月〜七〇年四月）の裁判官と合議を組むことがあった、姉妹部といっていた部の総括判事で、親しくしていただいていました。

大出　どういう話だったのですか。

宮本　最高裁の君に対する評価は最低だ、と言われました。理由は三つでした。青法協裁判官部会の活発な活動家であること、平賀書簡をマスコミに漏らしたこと、東大裁判で欠席裁判に反対したこと、という順番だったと思います。でも一番は平賀書簡問題かと思いました。

大出　前述の苛烈な脱会工作が表面化する前ということですかね。

宮本　そうだと思いますけど。

大出　だとすると、その段階ですでに、宮本さんは「危険」人物扱いされていたということでしょうけど、そのときの感想は、どうだったのですか。

宮本　まだ、それほど事態が進んでいなかったからでしょうが、確か、なんでそんなことを言われなければならないんだ、といった程度にしか思いませんでしたね。

大出　西村さんは最高裁などの意を受けていたということですか。

宮本　それはないと思います。好意だと思いますけどね。西村さんは情報通でしたから。私に尾行がついているということも言っていました。少し後になってだとも思いますが、部で横浜の中華街で忘年会をやろうというときに、行く前に寄ってきて、「今日はレポがついてないよ」、と言われたりしました。今日は尾行はいない、気楽にやんなさい、ということだったんでしょうね。

大出　誰が尾行しているというのですか。

宮本　それは教えてくれませんでした。

大出　それはただの事情通ということだったのですかね。そんな情報は普通出てこないでしょう。常識的に考えれば監視役ではないですか。なぜ情報を持っていたのか、なぜわざわざそのようなことを示唆したのですかね。それと、その後に起こることとどう関係していたのですかね。

宮本　西村さんから、最高裁の私の評価が最低だと言われたときに、最高裁に釈明に行けとも言われました。

大出　それでどうされたのですか。

宮本　お断りしました。

大出　それが最高裁に伝わって、その後につながった可能性があるということですか。

宮本　それは、分かりません。ただ、西村さんが、最高裁の意を受けてということは考えにくかったですね。実は、当時、最高裁の意向で所長代行を決めることに反発する動きが刑事部にはありました。そして、私の部の総括だった浦辺衛氏を第一代行候補に擁立して選挙に持ち込みました。その中心となったのが、粕谷俊治（二期）、小野慶二（一期）、西村法（一期）の三人でした。粕谷さんや小野さんは、その後裁判官懇話会などで重要な役割をされましたが、西村さんは、そのお二人につながる人でしたから。

大出　でも、普通は最高裁から情報が出てくるような接触はできないのでは。

宮本　西村さんは、一九六三年まで最高裁の刑事局に五年くらいいましたから（三課長、一・二課長）、そのときのルートをずっと保持していた可能性はあります。

大出　西村さんから最高裁に釈明に行けというのは、「誰に」ということだったのですか。

宮本　聞きませんでした。でも、西村さんの頭にはあっただろうと思いますけどね。

大出　ところで、平賀書簡問題についてはどういう話をされたのですか。

宮本　当時は、最高裁だけでなく、政府や国会やマスコミが、さかんに犯人探しをやっていた時期ですから、西村さんには、先程話したように、平賀書簡のコピーを公表前に受け取っていたということは言いました。断固公表だという意見を持っていたことも言ったと思いますが、マスコミに流したのは私ではないということも言いました。

大出　そのときの西村さんの動きが、その後の展開に関係があったかどうかは分からないわけですね。

宮本　親しい関係からのアドバイスだと考えていましたね。

4　熊本地裁へ赴任後の動き

(1)　熊本地裁へ

大出　一九七〇年五月の熊本地裁への異動は、何か意味があったのでしょうか。

宮本　定期異動です。熊本行きというのは、不思議ではないです。ただ、東大事件の関係や青法協問題で付き合いのあった新聞記者からは「こち吹かばですね」（菅原道真が、太宰府に左遷されて詠んだ歌）と言われました。自分も左遷だな、と思いましたが、熊本だったら誰も断れない。内示は一月か二月だったと思います。

(2)　尾行の常態化

大出　熊本に行かれてからおかしいなと思われたことはありましたか。

宮本　熊本に行ったら、若い会員にあからさまに警察の尾行がついていたり、立ち寄り先に警察の車がいたりという話を聞いて驚きました。

大出　具体的に何かつかまれた、といったようなことは。

宮本　ないですね。たとえば、向こうから接触してきたとかいうのはない。金沢の公安調査庁の人間が女性の判事補に接触して、というようなことがあったでしょう（一九七一年一一月一八日の中部公安調査局事件）。そういうのはないんです。なんとなくの気配。熊本の青法協会員の集まりというのは、まあ東京でもいつもそうでしたけど、自宅で持ち回りでやるでしょう。そこに自動車がきている。特定の、私の家、とかではない。誰かの後をつけてくるんだろうと思っていました。

大出　盗聴の可能性を感じたことはありませんでしたか（鷲野・前掲一〇〇頁参照）。

宮本　「この電話は盗聴されているのではないですか」とメディアの人から指摘されましたが。

大出　尾行の関係は、それで、最高裁裁判会議に用意された公安資料が多かった、ということになるのですかね。

宮本　そうでしょうね。

大出　それ以外に何か予兆のようなことはあったのでしょうか。

宮本　熊本地裁管内の青法協の判事、判事補は、当時六人いましたから、月に一回くらい集まっていましたし、九州全体でも二ヶ月に一回くらい集まっていて、その場では、何かあったら連絡しあおうといった話はしていました。六人というのは、池田憲義（一二期）、宮本康昭（一三期）、八束和廣（一九期）、大田朝章（二〇期）、甲斐誠（二一期）、浦島三郎（二二期）。池田さんだけ判事でした。しかし、裁判所全体に関わるようなところで何か変わったことが起きるといったことは、ありませんでした。

(3) 司法研究の取消し

大出　個人的にはいかがでしたか。

宮本　熊本に移ってすぐ、ですから再任が拒否される前年（一九七〇年）から司法研究に従事することが決まっていたのですが、それが直前になって取り消されるということが起こりました。研究は二年間で、うち一年間は専従、もう一年は仕事をしながらやる、ということで、もう日程も決まっていて、七月に入ってから開始式が行われることになっており、出席する予定でした。ところが、その開始式の直前に、司法研修所から口頭で、司法研究はキャンセルだと言われ、嫌な感じがしていました。

大出　そのとき、理由は言われなかったのですか。

宮本　そのときにはありませんでした。一方的に通告があっただけです。その年の九月になって、判事直前研修といわれる一〇年目研修のとき、司法研修所に行きましたから、当時司法研修所の事務局長であった中島一郎判事（三期）に、取消しについて「ひどいじゃないですか」というと、「分かってくださいよぉ」と言われました。それ以上の説明があったわけではなく、意味深でしたが、当時はテーマのせいかとも思っていました。テーマは「司法警察員の職務執行の適法性」でした。

大出　「司法警察員の職務執行の適法性」といえば、その頃ちょうど問題になっていた時期ですね。裁判所もそれなりの対応をし始める、という頃ですね。

宮本　そう。いくつか判決も出ていました。ちょうど。

大出　理由として「裁判所の研究予算の都合」というようなことは言われませんでしたか（鷲野・前掲九九頁参照）。

宮本　ないですね。

大出　中止になったことは、他の裁判官の方たちには話されていたのですか。

宮本　司法研究の件については、すでに熊本地裁の所長や総括に、司法研究で一年間休むという話をしているわけですから、それが取り消されたという話をしないわけにはいきませんから、話をしました。「おかしいですね」という反応でしたけれどね。

大出　青法協の会員の方たちにも話されたのでしょうね。

(4)　再任拒否が話題に

宮本　青法協の同期裁判官とは、これは何か危ないぞ、という話もしていました。それから、先程お話しした直前研修のとき、同期の青法協会員が集まり、再任拒否のことも話題になりました。会員として残っていた八人の鈴木経夫、鈴木悦郎、田中昌弘、黒田直行、宮本康昭、守屋克彦、山口和男、加藤隆一郎です。加藤氏は、再任希望を出さずに、一九七一年三月で退官して弁護士になりましたけど。

大出　一九七〇年になっても青法協攻撃ということでは、いろいろ動きがありましたから、それも念頭にあったということでしょうか。春先には、局付の集団脱会や二二期の修習生の青法協会員の任官拒否がありましたし。

宮本　二二期の任官拒否については、東京地裁の同じ一六部の左陪席だった平湯真人さん（二〇期）は、「ある」と言ってましたけど、私をはじめ大方は、そんなことまではやれないと思ってましたから、拒否されたときには「えっ！」という感じでした。

大出　すぐその後四月八日には、岸盛一最高裁事務総長が、最高裁の公式見解として「政治的色彩を帯びる団体に加入することは慎しむべきである」と言ったり、五月二日にも石田長官が、裁判所はレッドパージ等はやらないが訴追委員会などが動くことはあり得ると述べたりもして、現に訴追委員会も動くことになりましたよね。

宮本　右翼団体が、青法協会員裁判官全員の訴追を請求したのを受けてだったと思いますが、直前研修の後で、国会の訴追委員会が青法協会員と思われる裁判官に、一九七一年一月二八日を回答期限にして、青法協会員であるかどうかの回答を求める照会状を送りつけるといったことがありました。

大出　それで、再任拒否については、どういう話になったのですか。

宮本　「もし再任拒否があるとすれば、一番は守屋、二番は宮本、三番は鈴木悦郎、あとは全員四位タイ」という順位をつけたりはしていました。

大出　守屋さんが一位、というのはなぜだったのですか。

宮本　平賀書簡問題でしょう。札幌地裁の室蘭支部という福島さんと近いところにいて、問題を国民の前に明らかにしようということで、福島さんのサポートをしていたということは、同期の間ではみんな知っていましたから。

大出　報道機関への公表問題も絡んでいたのですか。

宮本　いや、マスコミに流した問題は、最高裁のターゲットは私だったから。守屋さんは平賀書簡への対応と、裁判官の良心の自由を守った、ということだったと思いますよ。

大出　青法協の立場から対社会的な発言をしていたのは、裁判官部会の世話人ということになっていた花田政道さんと竹田稔さんですよね。法律時報の一九七〇年七月号（四二巻九号）にお二人で寄稿されています。花田さんのタイトルは「青法協裁判官部会・その実態と成果」、竹田さんのタイトルは、「裁判官の思想・良心・結社の自由と政治的中立性（青法協裁判官は訴える）」です。その他にも、お二人の名前で朝日新聞と毎日新聞にも青法協に対する誤解を解くための意見表明をしています。

宮本　そう。守屋さんはオーガナイザーなので、守屋さんの名義で何か動いたわけではない。

大出　表面的に見たときには、ターゲットになっているというのは、具体的に狙われる何かがあったと考えがちですけど、ちょうど再任期だった一三期でアクティブな活動をしていた、というだけですか。

宮本　そう。室蘭にいて青法協の裁判官部会（ＪＪ〔Ｊｕｎｇｅ Ｊｕｒｉｓｔｅｎ〕会と称していた）の組織作りの基礎固めをやったりしていたから。

大出　九月の研修の時点で再任拒否の可能性があると皆さん思っていたのですか。

宮本　フィフティーフィフティーより少し下だと思っていました。でも一番危機感持っていたのは、青法協裁判官部会のなかでは一三期のわれわれでした。脱会工作はずっと続いていたし。

大出　確かに秋以降も脱会届が青法協本部には届いていますね。先述した一九七〇年の暮れの毎日新聞が連載した「裁判官」の二回目の記事でも、冒頭再任拒否の可能性に言及されていましたが、再任拒否にどう対応するか具体的な検討が行われることになったのですか。

宮本　私の関係したところでは、九州の青法協会員裁判官の集まりでやっていましたが、その他、各地でやっていたと思います。それらが後に署名運動の母体になったのです。九州の集まりは、南と北とで分かれてやったか、全体一緒に、交互に場所を変えてやったか…。九州全体では、会員は二〇人くらいだったと思います。
大出　熊本の勉強会は、どれくらいの頻度でやったのですか。
宮本　九州の集まりは二、三ヶ月に一回で、熊本のほうは月に一、二回です。私たちのところは、名前はとくにつけていませんでしたが、ほかは身分保障研究会といった名前をつけていたと思います。
大出　署名運動の母体になったという以外の成果はありましたか。
宮本　やはり再任拒否が起きてから動く母体になったということです。あと再任の性格についての理論武装ですね。たとえば、羈束裁量説といったことを考えたりといったことですね。
大出　研究者との連携もあったのですか。
宮本　全国的にはあったと思いますよ。再任拒否後ですが、勁草書房から裁判官と研究者が共同で、池田政章＝守屋克彦編『裁判官の身分保障』（一九七二年）といった本も出版しましたからね。
大出　どの程度まで広がっていたのですか。
宮本　青法協という以上に、判事補会というのに広げてやっていたと思います。
大出　青法協以外の人も入っていた勉強会ということですか。
宮本　そうでしょうね。
大出　訴追委員会が、一〇月に入って、福島裁判官を訴追猶予にして、平賀裁判官を不訴追にするといったことも起きていましたが。
宮本　話題にはなっても、まさかそれが再任拒否につながるという危機意識は、まだ希薄だったのでしょうね。

⑸　一九七一年春

大出　それでも年が明けていよいよ再任時期が近くなったということで、弁護士の人たちが「同期裁判官の再任拒否に反対する一三期の会」を結成したりしましたね。

宮本　そうです。外での活動は、けっこう活発に行われて、三月初めまでに弁護士三五四五名の再・新任拒否反対の署名を集めていました。ところが、佐藤栄作首相が一月二九日の衆議院予算委員会で、政府が青法協加入を理由に再任拒否はしないと答弁したことや、二月二日の衆議院決算委員会で吉田豊最高裁事務総長が、「青法協会員だからといって再任拒否はしない」と述べたりしたことから、「今年はないだろう」という楽観的雰囲気が青法協の裁判官部会に限らず裁判所の中で全体に広がっていました。日弁連の臨時総会招集運動が途中で打ち切られるといったこともありましたし。

大出　その間にかなりシビアな状況が生まれていたように思いますけどね。一九七一年の一月二一日には、自由民主党の定期大会が開催されて、「昭和四六年度運動方針」が、青法協加入裁判官に対する激しい攻撃を内容にしていましたよね。そのような政権与党の動きと並んで、最高裁も着々と準備を進めていたとも考えられますよね。

宮本　そうですね、一九七一年一月の二二日と二六日の二回にわけて最高裁が、司法行政事務協議会を「司法行政事務の運営に関し考慮すべき事項」をテーマに開催していました。全国から最高裁が指名した七七名の裁判官が集められており、実質的なテーマは青法協問題で、再任拒否への体制作りが行われたということでした。その内容は、鷲野さんの『検証・司法の危機』一〇七頁以下に当時の報道を基に詳しく紹介されていますが、熊本から出席したのは、斎藤次郎（三期・水俣病の熊本地裁民事判決の裁判長、後に最高裁調査官になった）、寺澤榮（三期・熊本地家裁　大阪高裁、そして最高裁調査官になった）の二人でした。各高裁から一名、各地裁から二人くらいずつ、所長代行や総括クラスが指名されて出席したようです。熊本から出席した二人の話が間接的に伝わってきましたが、要は、「裁判官が青法協に加入することは好ましくない」という意思統一が行われたということでした。

大出　そこそこ報道はあったようですが、秘密裏に行われたということだったのでしょうか。

宮本　普通はこの種の会合（会同・協議会）があったら、報告会議が開かれなかった。二人が帰ってきたときの資料をみんなに回すわけです。しかしこのときは、参加した裁判官が報告会議を開いて、そのとき、会議がないから、みんな個人的に「何があったんですか」と聞くわけですよ。二人は、抽象的なことしか答えませんでした。「青法協裁判官に対する対応について話し合った」という程度です。

大出　宮本さんが青法協会員だということは、出席した二人は知っているわけでしょう。

宮本　もちろん知っていますよ。

大出　この二人から「君辞めた方がいいよ」といったことは言われなかったのですか。

宮本　言ったのは、この二人でなくて、所長の駒田駿太郎さんでしたね。ただそれは、協議会が行われる前で、脱会工作が始まった頃かもしれません。宿舎に来ないか、と誘われて、ごちそうしてもらって、青法協をどう思うか、どんな団体なんだ、というようなことを聞かれて、辞めたらどうかと言われました。「どうしてですか」と理由を聞いたら、「裁判官が団体に入って、群れるのはよくないんだ」と。裁判官は孤高であるのがいいんだ、という話でした。そのときに、「所長は日本法律家協会（日法協）に入っていますか」と聞いたら、「入っている」と。「それはどうなんですか」と聞くと、「よし、じゃあ俺も日法協を辞める。だからお前も辞めてくれ」というようなことで、でもごちそうにだけなって帰ってきちゃいました。

大出 熊本の他の会員の裁判官も呼び出されていたのですか。

宮本 私だけだと思いますよ。所長はあまりやる気ではなかったのか…、やれと言われたからやったのか…。

大出 熊本で青法協をやめた人はいるのですか。

宮本 いません。

大出 直前になってのご自身の感触はいかがでしたか。

宮本 先程話題になったように青法協会員というだけの理由で、再任拒否はやらないよ、というメッセージが伝わってきていましたが、これまでに自分が出した判決を判例集などから拾って、こういうことをやってます、という経歴書を作り始めました。具体的に何かあったわけではないのですけどね。

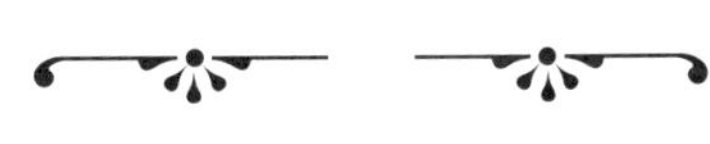

第3章

再任拒否以降

1 理由開示要求等の広がり

大出　そのような状況だったとしますと、実際に再任拒否ということになって、熊本で裁判官の方たちの雰囲気というのは…。

宮本　皆、驚愕していて、まさか、という感じです。

大出　最高裁の姿勢についてはどうでしょう。

宮本　理由を明らかにするなり、きちんと対応するだろうと、そう思っていたのではないですか。あそこまで頑なに拒否的な姿勢をとるとは思っていなかった。ところが、高圧的で秘密主義的な対応ということになるわけですから、猛烈な抗議行動が起きるということになったと思います。

大出　法律時報の一九七一年六月号一〇六頁に、新聞各紙の報道を集計した五月一五日時点での数字が出ています。実数は重複があったりしてもう少し少ないようですが、五九四名の裁判官から最高裁に対する再任拒否撤回や理由開示の要望書が提出されたということです。裁判所単位ということでは、四九地裁中、二八地裁から出されているということですが、これも公表していない地裁もあるということでしたし、その後提出された数も合わせれば、実数で六〇〇名に達したのではないかと推測されています（宮本康昭『危機にたつ司法』六八頁〔汐文社・一九七九年〕）。当時の裁判官の定員は、一八五〇名、簡裁判事を含めて二六〇〇名ということですから、日頃公に意見を表明するということが少ないと言われていた裁判官たちの行動としては、大変な数字でしたね。

宮本　最高裁としては、想定外だったでしょうし、歴史的にも大変なことだったと思いますよ。

大出　このような事態を受けて、一般的には、最高裁は、何らかの対応をするのではないかと思われていたのではないですかね。

宮本　そうかもしれませんね。…でもですね、私は撤回はないと思っていました。

大出　なぜですか。

宮本　最高裁が、政治状況との関係で踏み切ったことであって後戻りはないと思っていました。

大出　後に矢口氏が、未公刊の「オーラル・ヒーストリー」で次のように話したと言われていますが。「どうして宮本問題が起こったかということになると、そのとき急に宮本問題が起こったわけではないんです。少なくとも、四十四年のナイキ基地訴訟などの頃から、もっと言えば四十三年六月に庁舎管理規程を作った頃から問題が尾を引いていて、それが結集されて来た。四十五年の暮れには、局付の『青法協』の一斉脱退というような問題がありました。そして、四十六年三月に、宮本問題が起こったわけです。そういう流れの中で捉えたときに、宮本問題は、どういう問題を孕んでいたかということになるんです。ここのところが、一番お話ししにくいところなんです。これを読まれてどう思われましたか。

宮本　ある機会に、矢口氏から直接「君の責任ではなかったんだ」と言われたことがありました。自己弁護だと思いましたね。

大出　要は、政治的な脈絡の話で、およそ撤回の余地はなかったということなんでしょうね。周りの方たちは、どう受けとめられていましたか。

宮本　撤回をしなかった理由についての受けとめはさまざまだっただろうと思いますが、その次の年に向けて、継続して、名称はともかく、「身分保障研究会」のようなことをかなりやりました。青法協の会員たちを中心にそれ以外にも広げて。その基盤には、裁判の独立の危機だという共通の認識が、法律家の間にはもちろんですが、市民層にもひろがっていったということがあったと思います。

大出　確かに、いち早く、四月一四日には六〇七名の連名で、法学者の最高裁を批判する声明が出されていますし（法律時報一九七一年五月号八二頁以下）、弁護士関係では、五月八日の日弁連臨時総会決議、ほとんどの単位弁護士会での決議、三五〇〇名を超える弁護士の署名などが集約されていますね。また、九月一一日には、市民団体、労働組合、政党などが参加する「司法の独立と民主主義を守る国民連絡会議」が結成されることになりますね。

宮本　裁判官の間でも、先程述べた「身分保障研究会」の全国的な動きが、一〇月二日に、後に「裁判官懇話会」に発展する裁判官集会の開催ということになります。

2　簡裁判事として

大出　裁判所内外で批判運動が展開されていく中、新聞報道によると、四月二三日になって、午前中に熊本地裁で記者会見をされ、簡裁判事にとどまるということを正式に表明されていますが、簡裁判事の身分が残ったというのは、どういうことだったのですか。

宮本　判事補と簡裁判事は、公務員の官制上、官が違っていて、私は双方の兼務辞令を受けていたのですが、たまたま私は、裁判所内の定員の割り振りの都合で、簡裁判事が本務ということになっていたので、兼務の地裁判事補の身分がなくなっても、簡裁判事の身分は残っていたということです。

大出　そのことに気づかれたのはいつですか。

宮本　実際に再任拒否ということになったときだと思います。最高裁が、いつ気づいたのかは分かりませんが、手を打とうと思えば打てたのではないかと思います。前もって簡裁判事本務を、地裁判事補本務に戻すということはできたと思いますし、現に私の問題のあと簡裁本務の判事補を全員判事補本務に切り替えています。もっとも判事補が消えれば、簡裁判事は本務だろうと兼務だろうと消える、という解釈もあり得たと思いますけどね。

大出　具体的にはどういう経緯だったのですか。

宮本　東京から帰ってすぐ動きました。四月一四日に東京に行き、一泊して一五日に最高裁に行き、そのまま泊まらず夜行列車で帰って、多分その日に、「簡裁に引っ越す」と言ったら、事務局も、事務局長も、辞めるか地裁に居座わるかと思っていたのか、びっくりしていましたが、何の支障もなく引っ越せました。

大出　簡裁判事として残れるのではないかということは、どなたかと相談されましたか。

宮本　ごく狭い範囲で議論していて、一三日に再任がだめだったらこれでいこう、と、東京に行く前、熊本の会員の中では話していました。東京での集まりのことなどで、簡裁判事の身分に関わる周りの話が新聞に出ていたりしますが、「簡裁でやる」と私から口に出したのは熊本に帰ってからです。

大出　それで、二三日が記者会見ということになっていますが…。

宮本　簡裁に移動するという、行動は起こしてはいたのですが、対社会的に経緯と理由を説明した方がよいと思ってのことだったたと思います。

大出　簡裁判事にとどまった理由をあらためて伺えればと思いますが。

宮本　最大の理由は、裁判官の身分保障を主張するには裁判所の中にいるのが一番だと考えたからです。

大出　その後、再任実現へ向けていろいろ手立てを講じていられますね。法律時報の一九七二年三月号三七頁に整理されているところによりますと、まず、一九七一年の五月二四日に、内閣総理大臣宛てに再度の再任願いを提出されています。あわせて六月一〇日には、行政不服審査法に基づき不再任決定に対する異議申立てを最高裁長官宛に行っていますね。さらに、これは、熊本地裁管内の二六人の裁判官が提出したものですが、六月一七日に再任拒否の理由を示して弁明の機会を与えることを求める上申書を最高裁宛に出していることになっています。これらの一連の動きについて何かご記憶のことがあれば…。

宮本　行政不服審査の申立てなどは、裁判官部会の会員と相談してやったのですが、かなり早い時点で、訴訟を起こす準備を始めたのです。再任請求の訴訟だったと思います。われわれの間では、請求権説が圧倒的に有力でしたから。その点については、竹田稔「裁判官再任請求権説の検証」（前掲『市民の司法をめざして』二四八頁以下）を参照してください。かなり分厚い訴状をまとめたのですが、まとめながら他方で不服審査も申し立てよう、ということになりました。これは簡単なもので、自分で手書きで書いて、書留で、郵便局から出しました。

大出　なぜ訴訟にしなかったのですか。請求権説では難しいという判断ですか。

宮本　いや、理論の問題もさることながら、運動の問題が大きくて訴訟にしませんでした。そのときは、世論と裁判所の中の最高裁批判が盛り上がっているときでしたから、訴訟にして「判決待ち」、とするのがよくないのではないか、という状況判断が大きかったと思います。

大出　裁判所内部にとどまり、内部から手立てを講じられていたわけですが、外部との関係はどういう具合でしたか。

宮本　外部の動き、集まりには行っていませんし、メッセージも送っていません。

大出　出てきてくれという要請はあったのではないですか。

宮本　それはかなりありました。

大出　外での運動の展開をどうご覧になっていましたか。

宮本　相互作用という趣旨で、とどまることが援護射撃にもなるだろうと思っていました。内部にとどまるということは、実はもう再任を実現することよりは、司法の民主化の実現、そのためには外の動き、「裁判の独立を守る全都連絡会議」とか身分保障研究会とかにとっては私が簡裁判事で残っていることが力になることがあったと思っています。逆に私にもいろいろなことが聞こえてきて、励まされたこともありました。

大出　最高裁がそのような動きをどう見ていたかということではなにかありますか。

宮本　最高裁は最高裁で、ばんばん発信していましたよね。再任拒否賛成の発言を集めたパンフレットを作ったり。再任拒否賛成の意見ばかりを掲載した裁判所時報の、多分号外だったと思いますが、六月二五日付で出しています。号外としなければ全庁に配布できないからですが、サイズは違っていたような気がします。それには、確か「声なき声にかわって」というような、いやらしい題がついていました。

大出　そのほかにどんな変化があったのかも伺えればと思いますけど。

宮本　とにかく上からの嫌がらせはひどかったですね。引っ越した先の熊本簡裁は、仕事はしやすかったですけれど、事務局の方は、最高裁と高裁から言われますからね。たとえば、つまらないことで言えば、宿舎を取り上げようとしたんですよ。それで調べてみたら簡裁判事宿舎だった。だから出て行けって言えなくなった。

大出　裁判所は調べないで言ってきたのですかね。

宮本　最高裁は現地のことは知らないで、とにかく今住んでいるところから追い出せと言ってきたんでしょう。それで熊本地裁の事務局が帳簿を繰ってみたら、今いるのは実は簡裁判事宿舎だった、というわけです。

大出　まだいろいろありそうですね。

宮本　次は、電話の件ですね。宿舎の電話を取り上げるといってきました。「簡裁判事には電話はついていない」というのですよ。それで、事務局長のところに「困る」って言っていったら、事務局長は「分かりました、ご不便でしょうから」と。でも地裁の事務局次長というのが、「それあなたの電話ですか」と嫌味をいう始末です。結局事務局長がまあまあといって。で、念書を入れてくれ、と言われて、「裁判所が必要とするときには、いつでもお返しします。」というのを書きました。

大出　えげつないですね。

宮本　それから、宿舎と裁判所の間を、マイクロバスで裁判官の送り迎えをするのですが、帰りは五時とか四時半に裁判所を出る。判事、判事補が誰も乗らないと、その日は車が出ない。私が一人のときは、バスは本来判事、判事補用だというわけで、玄関先からバスは帰っちゃう。運転手が気の毒そうな顔をするのですけれどね。その種のことがいろいろあるわけで、こういうのは日常のことですから、かなり嫌になります。

大出　給料はどうだったのですか。

宮本　三年間一九七〇年当時のまま、ずっと判事補一号のままでした。減額はされませんが、昇級もしない。判事補一号から判事八号になると一気にあがりますから、その間には、月額七〜八万円の差があったと思います。食べるのに困るという話ではありませんが、いやになるほど差がつくのです。

大出　官舎での近所付き合いはどうでした。

宮本　最高裁の指示で動かなければならない人たちは別として、現場の裁判官とか書記官とか、あと家族の人たちは、つねに気を遣って居心地が悪くないように支えてくれていました。

大出　いろいろ攻防があったわけですが、先程ちょっと触れた裁判官集会が一〇月二日に開かれていますね。その集会には出席されたのですか。

宮本　我妻栄氏や前最高裁長官の横田正俊氏などが出席して、私を支援するということで集まるので出てくれというので、一回目と二回目は出ました。この集会が裁判官懇話会になります。三回目からその名前になりましたが、三回目以降は出ていません。懇話会は初めのうちは、もっぱら裁判官の身分保障問題を取り上げていました。その懇話会の内容は、第一回から判例時報に掲載されていましたが、全記録が、『自立する葦』（判例時報社・二〇〇五年）として出版されています。

大出　二回目までは、簡裁判事だったのでしょうから、内部の人間として出ていられたわけですね。

宮本　そうです。

大出　それ以外の会合のようなものにはいかがでしたか。

宮本　青法協の同期の集まりとか、出てもおかしくないな、というところには出ましたが、それ以外は、集会の案内とか、記録とか寄せ書きとか、どっさり送られてきましたけど、退官までは出ていません。

大出　簡裁判事を辞められることになるのは、二年後の一九七三年三月ですね。

宮本　そもそも、さしあたり一年のつもりでしたし、一五期の再任を確認できたので、退官することにしました。

大出　一四期、一五期には、再任拒否が予想される方たちがいらっしゃったということですか。

宮本　一四期の最も危ないと思われていた一人金野俊雄さんは直前に退官しました。もう一人安倍晴彦さんがいましたが、名古屋高裁の長官だった内藤頼博さんが、名古屋高裁管内に置いて守ろうと思ったんだろうと思います。岐阜にいて再任されました。その後の一五期では、寺本嘉弘さん（再任期は甲府）、喜多村治雄さん（再任期は山形）、武内大佳さん（再任期は宮崎）、和田忠義さん（再任期は宇都宮）などが、危険と思われていましたが、全員再任されました。それを確認できたので辞めることにしました。

大出　一五期の帰趨を見極めた上で、ということは、それは青法協の人たちと相談してということですか。

宮本　見極めて、というと美しい言い方ですけど、そうでもないんですね。とにかく任期がある限り続けるべきだという意見が強かったですよ。

大出　それでも辞められるという判断をされたという理由はどういうことでしたか。

宮本　もう一年続けると、今度は簡裁判事の任期が来るということになります。それまでやったら、再任拒否闘争をもう一回やることになる可能性がありましたからね。

大出　残るべきだという意見の中には、最高裁がもう一回再任拒否をやるかどうか確かめてみては、というのがあったのですか。

宮本　そうだと思いますが、当事者にとってはそう簡単ではなかったですね。

第2部

司法改革を目指して

第2部では、簡易裁判所判事を退官した宮本が、拠点を東京に移して以降の活動の経緯を扱うことになる。退官当時の司法の実情が、弁護士の眼からどう見えていたのか。東京での事態の進行を中心とした司法反動化に対抗する活動から司法改革を目指す活動への転換の契機はなんだったのか。中坊執行部の成立を契機とする日弁連の司法改革への動きはどのように形成されたのか。日弁連の具体的な司法改革への体制は、どのように整備されたのか。司法をめぐる規制緩和論の展開、その動きと通底した政権政党の動きへの対応はどのように行われたのか。さらに、動き始めた司法改革への動きの中で、司法制度改革審議会の設置、審議にどのように対応したのか等々。これまで必ずしも明らかにされてこなかった、司法改革の中心にあった日弁連の司法改革への取り組みの経緯を日弁連の中心にいて司法改革を担った当事者の視点から、可能な限り明らかにしている。

（大出良知）

第1章

新たな立場から

1　東京へ

大出　簡裁判事を退官された後は、弁護士登録をされたわけですが、東京に出てこられることは、どのような経緯で決められたのですか。

宮本　今度はもう辞める、と青法協の仲間に話したところ、東京と福岡から誘いがありました。福岡に、というのも考えました。家を買っていたし、同期の松本洋一さんという弁護士が、二回、福岡（小倉）から熊本に誘いに来てくれました。ところが、東京の青法協裁判官部会の仲間からは、これから活動する足場は東京でなくては、という意見が強かったですね。それで、しょうがないから東京に出てくることにしました。

大出　港法律事務所に入られたわけですね。

宮本　そう、羽生雅則さんが事務所を作ってくれました。それも大きかったですね。羽生さんは、一期上の一二期で、青法協裁判官部会で一緒だっただけでなく、東京地裁でも一緒でした。私の再任拒否より一年前に辞めていました。父上が住職で、健康を害されて、跡継ぎになるということで、九年目か八年目に辞めると言い出されたのですが、私なんかがとにかく辞めないでくれ、と引き止めた。いま大変な時期だから、と。で、結局再任期まで辞めないでもらって、東京の世話人グループを一緒にやっていて、会合を羽生さんの家でやったり、私の家でやったり、という関係でした。それで、東京に行くという話になったときに、彼は長野国助法律事務所という大きな事務所にいたのを辞めて、新しい事務所を作ってくれました。それが、港法律事務所で、一七期の郡司宏さんも一緒にやることになりました。

大出　東京へ出てこられる準備の余裕はあったのですか。

宮本　辞めるとなったら、すぐに宿舎から出されますから、住居探しの余裕がなくて、どうしようかと思っていたら、妻が私の東京地裁在勤中に東大社会科学研究所の渡辺洋三教授の研究室の研究補助員をしていたことから、渡辺先生がご自宅の離れを提供して下さることになりました。

大出　出てこられてすぐに弁護士登録をされたわけですね。

宮本　いや、四月に出てきたのですが、弁護士登録は、すんなりいったわけではありませんでした。

大出　どういうことですか。

宮本　最高裁の最後の嫌がらせですかね。弁護士登録を申請したら資格審査がありますが、裁判官退職者については裁判所からの適格証明がいることになっているのです。ところが、最高裁がそれを出してくれませんでした。

大出　随分と子供じみた嫌がらせですね。

宮本　けしからん話なのですが、考えてみれば、最高裁としてみればもっともな話なんですね。

大出　再任を拒否をしているからですか。

宮本　そうですよ。裁判官として不適格だと言っているのに、弁護士として適格ですという証明書を出したら差別ですよ。(笑)

大出　最高裁なりの筋の通し方ということですか。それでどうなったのですか。

宮本　しょうがないので一ヶ月間、港法律事務所には通っていましたが、弁護士のバッチはない状態でした。

大出　でも、弁護士会は通したわけですね。東京弁護士会ですね。

宮本　理事者から「適格証明書がきません。でも登録します。」と言われました。それでも一ヶ月かかってしまいました。

大出　登録権限は弁護士会にあるわけですから、適格証明は慣行的に求めていたというだけだったのでしょうね。

宮本　適格証明がないということで新人弁護士並みの研修を受けなければいけないわけですが、それはなかったですね。

大出　東京へは、強いお誘いがあって出てこられたということですが、具体的に何をどうするということがあったのですか。とくに司法問題に対応するとか。

宮本　私の方に具体的に何をするという目的があったわけではありませんが、青法協本部や東京にいた裁判官部会の仲間は考えていたんでしょうね。羽生、郡司の二人がそろって事務所を作ってくれたのには、裁判官部会からのサジェストがあったのかもしれません。

大出　東京に出てきてからも裁判官の方たちとのコンタクトは続けられていたのですか。

宮本　元職、現職とはかなりいろいろ付き合いがありましたね。

大出　裁判官部会との関係はどうされていたのですか。

宮本　当時の裁判官部会には行ってないですね。それでも、事務所に裁判官たちが年中個人的に出入りしていました。青法協の元職の研究会は定期的にやっていて、そこには現職も来ていたかもしれないですね。その元職の研究会の中心が羽生さん、郡司さん、私、でした。

大出　それ以外の活動の幅も相当広がったのではないかと思いますが。

宮本　大学は、いろいろなところに行きました。その他、民主主義科学者協会法律部会（民科）、日本民主法律家協会（日民協）、青法協弁学合同部会等々、司法問題に関心を持って取り組んでいる団体とはほとんどお付き合いがありました。

大出　私が赴任した静岡大学でも、私が赴任する前にも一度おいでいただいたようですが、赴任した後でも確か一九七九年か八〇年あたりではないかと思いますが、おいでいただきましたね。

2　参与判事補問題（司法問題対策特別委員会で）

宮本　それから、東京弁護士会に登録をして、いきなり司法問題対策特別委員会に入れられました。

大出　一九六四年に出された臨時司法制度調査会（臨司）の「意見書」対策で設置された委員会ですね。その委員会が、司法の危機にも対応していたということだったと思いますが。

宮本　東弁の中心人物は、石島泰、金綱正己、松井康浩、後の日弁連会長藤井英男といった人たちでしたね。

大出　今思い返されて、弁護士会の「司法の危機」に関する認識は、どの程度、どのように形成されていたということでしたか。

宮本　司法問題対策特別委員会は、的確な認識を持っていたと思います。感覚は鋭かった。とにかく裁判所は何を仕掛けてくるか、細かい兆候も見逃さない。それに反対する。その意味では、反対対策委員会ということかもしれません。

大出　スタンスが決まっていたということですね。

ところで、その反対運動の成果ということでは何があったのですか。

宮本　私なんかはあまり冷静に客観的には見られないですね。それでいいと思っていたし、もっとすすめたいと思っていた。後になってみれば、空回りとか自己満足、成果がなかったことなどもあったと思うけど、そのときはそんな気持はなかった。

大出　弁護士会は何にもっとも力を入れていましたか。

宮本　司法の民主主義の実現です。官僚司法をなんとかしたい。しかし、最高裁はそれを強化する一方でしたから、その状況をさらに悪くしないようにするのが精一杯だった。私が、裁判所を辞めたころになると、一定の路線変更が行われ、思想信条差別から全人格的支配に移っていきますけれど、丁度、石田長官が定年になり（一九七三年五月一九日）、村上朝一長官になる頃ですね。具体的には、参与判事補制度や新任判事補研鑽（代行判事補）制度の導入ということですが、参与判事補制度は、私が、まだ熊本簡裁にいるときに導入の話が出てきたと思いますが、直接的には地裁での話でしたから、直面することになったのは弁護士になって反対運動に加わることになってでした。

大出　参与判事補についての規則ができるのが、一九七二年九月一八日で、正式名称は、「地方裁判所における審理に判事補の参与を認める規則」（最高裁判所規則第八号・裁判所時報六〇一号一頁）ですね。新任判事補研鑽制度は、一九七二年の四月には始まったようですね。

宮本　新任判事補の研鑽も含めていずれも、先輩裁判官からのアドバイスということでの事実上の干渉を正当化するということです。私のことで、再任拒否といった荒療治には限界があるという判断になったと考えられるのですが、養成過程で、上からの干渉に対する免疫を植えつけようということだったと思いますね。

参与判事補制度：単独裁判官の審理に任官五年目までの判事補を参加させ、評決権や決定権は与えず、事件の審理を通じて判事補を指導しようとする制度。

（大出良知）

新任判事補研鑽（代行判事補）制度：当初、一九七二年四月任官の二四期から、新任一年目の判事補全員を四ヶ月交代で東京に集め、東京地裁職務代行を命じ、最高裁の直接管理下で裁判官を教育していた。その後、一九八一年四月任官の三三期からは、東京、大阪などの大規模庁の判事補にはじめから任命して研鑽させる一二大庁方式といわれる方法が、二〇〇六年頃まで行われていた。

（大出良知）

大出　弁護士になられて最初に直面された司法問題が参与判事補問題ですか。

宮本　そうです。東弁の司法問題対策特別委員会に入って初めてぶつかったのが、参与判事補に具体的に抵抗して、つぶしていこうという運動でした。

大出　どう対応するということだったのですか。最高裁とその問題で協議するといったことだったのですか。

宮本　日弁連と最高裁の協議ということになったのは、確か一九七三年一二月になってからで、その前に物理的な抵抗運動をやるわけです。後に日弁連の会長になる藤井英男さんが東弁の司法問題対策特別委員会の委員長だったと思いますが、彼などが先頭に立ち、実際に法廷に入り、法廷で阻止活動をするわけです。私なんか新人ですから、後ろからついていくだけでしたけれど。

大出　参与判事補がいたら、法廷から出てしまうとか。

宮本　いいえ、逆ですよ。

大出　追い出すのですか。

宮本　裁判官を質問攻めにして立ち往生させ、期日を進行させないといったことをやります。いくつかやりましたけれど、その中でよく覚えているのは武藤春光さん（五期）の法廷でしたね。

大出　具体的にはどういうことになるのですか。

宮本　法廷に出てくる弁護士はみな復代理の委任を受けた代理人ですから、裁判官も「話しません」とは言えない。むしろ、武藤さんは向こうのほうからやたら議論をしてくるほうで、それでずいぶんやりました。弁護士が「あそこにいるのは誰ですか」といった質問をするところから始まる。裁判官が「参与判事補だ」と言うと「何をするのですか」と聞く。「事件についていろいろ相談をします」。「では、評決権を持っているのですね。要するに、裁判官としての権限を持っているのですね」。そうすると「権限を持っています」と応える。「二人で意見が分かれたら、どちらの意見で決めるのですか」。「それは私です」と言うでしょう。「では、あの人は何ですか」。「結局、事件について議論はするけれども、何の権限も持ってない。では、傍聴と一緒じゃないですか。降りてください」。何回か、そういうことを先輩弁護士たちはやった。

大出　一緒に行ってやっていたのでしょう。（笑）

宮本　具体的に何とか抵抗していましたね。その点は今とは違う。行動していた。理屈、というだけではなくて、行動もしていました。京都でも同じ時期に同じような法廷での抗議行動をしていたようです。坂元和夫さんが会報（京都弁護士会会務ニュース二〇一八年七月号三二頁）に書いています。各地でそれはやっていたと思います。

大出　弁護士会としての問題関心のレベルと行動力の問題ということですか。問題自体が今とは局面が違っていたということはありませんか。なぜ反対という姿勢を貫徹し得ていたのか、というと、やはり権力問題だということで、司法の位置づけ自体が理論的にクリアに説明できる、みたいなことがあったようにも思いますけど。

宮本　それはあるかもしれませんね。

大出　この問題は、最終的に最高裁との協議ということになったようですが、それはどういう経緯でしたか。

宮本　その点については、私は関与してないので分からないですが、とにかく最高裁サイドでは、これは困った、理論的にも弱いということで、何とかしたいというので弁護士会と協議したいと言い出したか、あるいは弁護士会が実力行使は行使として話し合いをしたいと言ったのか分からないけれど、協議が行われました。

大出　最高裁が一九七四年一月には規則を改定することになりますね（最高裁判所規則第一号・裁判所時報六三四号一頁）。それは何をどうしたというご記憶ですか。

宮本　それは、それまでは高裁所在地の地裁だけで可能ということだったのが、改定で全地裁で実施することができるようにしたのです。

大出　日弁連として、その年（一九七四年）の五月には廃止決議をされていますね。

宮本　最高裁が規則の改定を強行しましたからね。廃止決議をして、事実上、参与判事補が関与できない状態を作ったということです。そういう形で弁護士会としては、実践的に対抗して事態を変えるということもできていました。それ自体は弁護士会としては、成果だと評価できると思います。

大出　とはいえ、官僚システムの強化ということでは事態は進行することになっていたということだと思いますが、当然のことながら、そのような事態の進行を分析、研究するといった動きも、いくつかの団体で行われることになっていました。日弁連でも司法シンポジウムを始めることになりましたね。

宮本　そうです。全司法労働組合や日民協などが、司法制度研究集会をはじめていましたが、日弁連は一九七三年一二月一日に、第一回目の司法シンポジウムを開催しています。「司法の現状はこれでよいのか」というテーマでした。

大出　運営には関わられたのですか。

宮本　運営委員会委員になりました。

大出　具体的にはどんな内容でしたか。

宮本　このときは再任拒否をはじめとする思想統制の実情が中心だったと思います。

大出　司法の実情、とくに官僚体制の強化ということで進んでいる状況について批判的に検討する。そういうことだったということですかね。ところで、司法の実情としては具体的にどんなことが起きていましたか。

宮本　そうですね。参与判事補制度などが、表面には出てきましたけれど、ともかく内部的には管理統制の動きが水面下で進行することになります。次に顕著な動きとして問題になってきたこととして判検

■3　司法シンポジウムの開催へ

人事交流があります。

大出　以前からあったようですが、頻繁になってきたのは一九七一年からのようですね。やはり再任拒否の問題があってということでしたか。本質的には、官僚制の強化の一翼を担っていたということだと思いますが。

宮本　おっしゃるように事実上、裁判官と検事が交流することはもっと前から行われています。それを、規則で身分上の保障措置を講じて組織的にやり始めたのが、一九七一年だったということです。

大出　でも、表面化したのは、少し後になってだったように思いますが。

宮本　一九七四年三月二九日の読売新聞の朝刊が報道してからでしょう。「判・検事人事交流を本格的に、逆戻りも保障」というタイトルで、最高裁と法務省が、交流した裁判官や検察官が三年を目途に元の身分に戻れるように相互に保障することを内容とする合意をしたという記事でした。

大出　日弁連で調査をすることにもなりましたね。

宮本　チームを作って調査することになりました。後に、最高裁判事になった宮川光治さんと弁護士任官で裁判官になった水野邦夫さんと私が中心で、歴史的経緯もまとめた報告書をつくりました。

最高裁の説明の一つは検事の、とくに国家賠償と行政訴訟の力不足。それを裁判官で補ってやろうということでしたね。

大出　それは表面的な理由では。

宮本　それと、法務省をはじめとして行政官庁へ行くことでの裁判官の意識に与える教育効果でしょう。

大出　行政官庁となると、上意下達体制で官僚統制という意味では裁判所以上の官僚システムなわけです。そういうところに裁判官を送り込んで、そういう風土に慣れさせるようなことが課題としてあったということではないですかね。ところで、日弁連に、司法問題対策委員会が設置されたのは、この問題と関係していたのですか。

宮本　関係ありません。日民協の創設者の一人の松井康浩さんが日弁連の事務総長のとき（一九七四年六月）で、私も設置とともに委員になりました。

大出　このころは、司法シンポジウムも毎年のように開催していたのでは。

宮本　そうですね。毎回関わっていました。第二回は、「裁判官不足の現状とその対策」（一九七四年一一月）、第三回は、「簡易裁判所をめぐる諸問題——庶民の裁判所をめざして」（一九七五年一一月）、第四回（一九七六年一一月）が、「訴訟審理の実態と問題点」で、まだ弁護士三年目でしたが、基調報告を担当させられることになりました（レジュメは、自由と正義一九七六年一一月号八二頁以下）。

大出　サブタイトルが、「国民の裁判を受ける権利は保障されているか」だったと思いますが、そのときの審理の実態として、問題だったのはどういうことになりますかね。

宮本　裁判所の拙速で権力的な訴訟指揮の実態をアンケート調査を行ったり、いろいろ調べて議論しました。そもそもは、私が東京地裁にいた頃に東大事件の裁判などで行われるようになった徹底的な訴訟促進とそれを実現するための強権的な訴訟指揮等が、公安事件だけでなく、一般の刑事事件や民事事件にも広がっていました。それに、当初は東京地裁方式といったくらいですから東京地裁で始められたことだったのですが、徐々に全国に波及していました。

4　村上コートへ

大出　村上朝一長官になってからの長官・所長会同（一九七三年六月一九～二〇日）での訓示は、訴訟手続の合理化、訴訟促進と判事補の指導育成を強調していて話題になりましたね（裁判所時報六二〇号一頁）。

宮本　村上コート（一九七三年五月～七六年五月）になって民事事件での訴訟促進、合理化の要求が強まりました。個々の裁判官の毎月の処理件数をチェックする「営業報告」などが問題になり始めたのもこの頃です。

大出　そういう状況の中で、裁判官個人個人が、だんだん物を言わなくなっていく。官僚統制が真綿のようにギリギリと裁判官個々人の意識を束縛するといったことが始まっていたのでしょうか。

宮本　この頃は、まだそこまではいっていなかったかもしれない。裁判所内部の状況は、まだ青法協の裁判官部会から外に伝えられることができていました。今よりもっと裁判所の様子は分かっていました。だから、それに対して、司法シンポジウムなどで、どちらかといったら理屈の上からいろいろ分析、批判していました。そして、司法問題対策委員会が執行部に問題提起し、執行部が最高裁に抗議をしたり声明を出すといったことはやっていましたから、部内に対する一定の力にはなっていたのではないですか。

大出　この当時、参与判事補の問題は最高裁と協議することになっていたということですが、それ以外の事態といいますか、法廷で確認できること以外の事態の進行について、日弁連サイドなり弁護士の人たちが、どこまでどのように具体的に認識されていたのでしょうか。

宮本　裁判官会同・協議会なんかも、統制の手段になっていくという変化が始まっていたりしましたが、なかなか弁護士会全体の共通の認識にはなりませんでした。当時の状況については、「司法における官僚統制と『合理化』」という論文を法律時報の四六巻四号（一九七四年）一八頁以下に書いています。

大出　一九七三年から七四年あたりになると、官僚統制が強化されていき、それが裁判内容の統制にまで及び始めたと認識されるようになっていたと思います。その内容面での手段が裁判官会同や協議会だったということですが、会同・協議会の問題などについて、日弁連としては最高裁との関係で何かアクションを起こしたことはありましたか。

宮本　その都度、たとえば任官拒否はけしからんとか、人事交流がひどいとか、最高裁に抗議に行ったり、要望書を作って渡したりしていたから、会同・協議会問題についても、これはけしからんじゃないかということで、意見書を作成して、申し入れたり、シンポジウムをやったりはしましたけどね。

大出　人事交流についての意見書が採択されたのは、一九八六年一一月になってですし、日弁連の司法問題対策委員会の主催で、一九八七年一一月に判検人事交流についてのシンポジウム、一九八九年一一月に「判検人事交流・会同、協議会と裁判官の独立を考えるシンポジウム」を開催されていますね。だいぶん対応が遅かったという感じがしますし、参与判事補のときは少し違っていたのかもしれませんが、一九七〇年代から八〇年代にかけては、日弁連と最高裁の関係は、どう表現するかは微妙ですが、決して和やかに会談をする状況ではなかったのでしょうし、最高裁が日弁連の意見を聞くということも考えがたいという雰囲気ということだったということですかね。

宮本　その点はおっしゃるとおりです。先ほど言おうと思って忘れていましたが、参与判事補問題で協議をしたのはレアケースです。

大出　どういうことですか。参与判事補制度のときには、最高裁として協議に応ぜざるを得なかったということですか。

宮本　よほど追い詰められていたということでしょう。

大出　先ほどの実力行使のお話をうかがうと、法廷でそういうことが起こった場合に、裁判所として明らかに裁判官制度と矛盾するようなことをやっていることが露見するわけですから、対応せざるを得なかったということですか。

宮本　言われるとおりです。そういったレアケース以外に最高裁が日弁連と話し合うということは、この時期まったくなかった。

大出　そうですよね。最高裁に対して言いたいことは言うけれども、だからといって何か効果があるとは日弁連も期待をしていなかったのでしょう。そういう関係が続いた。それは平賀書簡問題、再任拒否問題あたりから尾を引いていた部分があるわけでしょう。日弁連と最高裁との関係が、そういう意味ではかなり冷え切っていたというか、お互いにけんもほろろの状況だったということですね。

宮本　そうでしょうね。

大出　最高裁として内部的な統制をいろいろな形で進めてくること自体は、弁護士会としてもある程度予測していたのでしょうし、裁判所は弁護士会が批判したからといって対応することはなさそうだという状況で、事態はどんどん進んでいった。判事補教育の次は、修習生対策ということですか。新任拒否は相変わらず続いていましたが、弁護士志望者も含めての修習生に対する統制にも手をつけることになりますね。

宮本　「司法修習生心得」を配付して、日常生活の規制にのりだします。「教官宅を訪ねる際には手土産を持参すること」とか「ノーネクタイの出勤は論外」等々といった内容でしたね。何期でしたか。

大出　最初に配付したのは、二九期ではないかと思いますが、表面化したのは、三〇期（一九七六年四月〜）のときだったと思います。

宮本　司法研修所の事務局長が、矢口の後継者と目されていた川嵜義徳（一九七五年四月〜七九年一〇月）のときですよ。

大出　女性差別発言も問題になりましたね。

宮本　このときは、司法修習生からの申入れがあったからでもあると思いますが、司法研修所の事務局長の罷免を要求するといったところまでやりました。

大出　ずいぶん前から、つまり一九七〇年三月修了の二二期から、新任拒否をやっているわけで、このころになってくると裁判官任官者が青法協に入りたがらない状態が生まれていましたよね。日弁連サイドとしても、そういう一貫した裁判所の政策遂行により、裁判官の官僚統制によって、物言わぬ裁判官がつくられてきていること自体は、問題関心として明確に認識されていたわけでしょう。

5　八〇年代司法をめぐる問題状況

(1)　司法をめぐる状況変化

宮本　一九七〇年代の終わり頃になると、一九七七年六月には、結局実現しませんでしたが、少年法改悪問題、具体的には、少年の年齢引き下げを中心とする検察官の関与可能性の拡大を企図した法制審の中間答申が公表されます。また、同じ年の秋には、「弁護人抜き」法案問題が浮上して、二年越しの大反対運動が弁護士会を中心に展開されることになります（一九七九年六月廃案）。それに、一九八二年の春先には代用監獄というか拘禁二法の問題といった具合で、弁護士会としてもかなりのエネルギーを傾注しなければならない課題が矢継ばやに出てきます。

大出　問題が拡散したというか、弁護士会として取り組まなければいけない課題が、かなり広がってきた状況だったということではないですか。とくに「弁抜き」などになってくると、まさに全会挙げての大運動を展開しなければならない状況になって。その前段として荒れる法廷問題というようなことにされて、弁護士の対応の仕方の問題なども攻撃されたところがあったじゃないですか。本来は、よく見れば、たとえば弁抜きの問題についても、裁判所の強権的なやり方が弁護士の反発を招き、事態を悪化させたということだった思いますけど。

宮本　そうですね。

大出　それはまさに官僚統制の進行の一環だったところがあっただろうと思います。しかし、司法がどういう状態で、裁判所内部で何が進行しているかということが、なかなか見えてこない動きになっていた気がします。

(2) 矢口時代の最高裁

宮本 もう一つ今から考えてみれば、八〇年代というのは、一九八〇年三月に事務総長になり、一九九〇年二月に長官を退官する矢口氏の時代ですよ。

大出 確かに。宮本再任拒否の直前に人事局長になり（一九七〇年一二月）、一九七六年の七月に事務次長ですから、長いですよね。事務次長を一年やって七七年の九月には現場に出ていますが、事務総長で戻ってくる準備みたいなことでしたね。

宮本 矢口氏登場から、長官は、村上（～一九七六年五月）、藤林益三（一九七六年五月～七七年八月）、岡原昌男（一九七七年八月～七九年三月）、服部高顕（一九七九年四月～八二年九月）、寺田治郎（一九八二年一〇月～八五年一一月）と続くわけですが、石田長官のときからですから、長官は六人ですね。

大出 ほぼ一〇年間のこの交代はどう見ていたのですか。何で藤林氏と岡原氏が間に入ったのか。藤林氏が弁護士出身で長官になり、引き続いて検察官出身の岡原氏がなった。それはどういうことだったのかについて、何か議論はありましたか。

宮本 そういう議論はまったくなかったと思いますね。藤林氏からあとの裁判所の対応は、表面上ですけれど、変わってくる。たとえば、これはずっと後のことですけど、法廷の形を変えてラウンドテーブルを入れよう、というのも向こうから協議を持ちかけてくるし、速記官廃止というのも協議したいと言ってきた。速記官廃止なども、以前だったらいきなり「廃止」でやってくる。それに対して日弁連が反対、ということで運動を組むということになった。しかし「速記官を廃止したいんですけど」と話を持ち込んできて、ああだこうだ言って。で、こっちもなかなか拳が振り上げられないということにもなった。

大出　それはある意味の政策転換だった、ということでしょうか。村上コートの終わりの頃に、「法曹三者協議」が始まった（一九七五年三月二四日）ことが関係していますか。

宮本　「法曹三者協議」も含めて、政策転換というより、弁護士会相手の戦術転換ということでしかないかもしれないですね。

大出　八〇年代に入って事態が見えにくくなってきたと言われていませんでしたか。先程のお話のように、裁判所の対応が目くらまし的なものに変わってきたり、裁判官の意識自体の変化というか、七〇年代の再任・新任拒否がボディ・ブローのように効いてきたというか。

宮本　順を追っていきますと、まず、裁判官の意識と行動という意味では、かなり統制策が効いてきた。裁判官一人ひとりがある意味おとなしくなる。ある意味裁判官魂を持てなくなる。裁判官の独立についての明確な認識もなくて、行政官化する。サラリーマン化といってもいいかもしれません。それに対応しながら、裁判所は、中では、要するに裁判官を全人格的に支配する、強権は発動しなくても、うまく囲い込んでいくというようになる。外に向かっては、弁護士会が文句を言っても、おかまいなしにやりたいことはやっていく、というところから、話ができるところではしていこう、というような。民主的な意識からではないのですが、うまく折り合いのつくところはつけていこうという、うまくやる、そのようになっていく。

他面、そのように裁判官たちの意識が変わっていくと、青法協の裁判官が浮いてしまうんですね。後継者がどんどん減っていく、組織が維持できなくなるということがあって、青法協の裁判官部会がなくなる、その後身の「如月会」も維持できなくなる。裁判官懇話会も同じ。一人でがんばっていても、中で人が増えない。だから青法協あるいはその意識を受けついだ裁判官たちもみんなとうまくやりながら進める。懇話会のテーマも身分保障問題とか、司法行政問題というようなことを議論するというよりも、裁判の進め方、刑事裁判をどうしようかとか、そういう議論をしようと変わってきますよね。

大出　その変化は、まさに任官拒否が続いて、最高裁が頑として要求を通さないし、最高裁自体の頑な姿勢は七〇年代を通して続くわけですから、裁判所内部でこれに対抗するのは難しいという状況が生まれてくる。青法協にも新しい血が供給されない。

サラリーマン化といった状況が、いったいいつ頃から現実的な問題として課題化してきたのですかね。

宮本　うーん…。

大出　先ほど指摘された最高裁の柔軟姿勢らしきものも、そのことを見て取って、そういう姿勢に転換してきたということも考えられるわけですよね。もう内部的には押さえ込んだ、と。一九七六年司法修習修了の二八期、一九七七年修了の二九期の任官者のなかに青法協会員はゼロになりました。七〇年代の司法についての宮本さんの『危機にたつ司法』の状況分析は、改めて拝読しても実に的確だと思うのですが、そのような状況の下で、当時何をされていたのですか。

宮本　その一〇年、さらに八〇年代も含めて私は同じことをやっていたという感じですね。弁護士会もそうですけれど。

大出　八〇年代になると、少し事情が変わってきますよね。

宮本　確かにそうこうしているうちに、どうも向こうも躓いた。こちらの姿勢も変わってきた。躓いたというのは、そうやって裁判官たちをうまい具合に手なずけてきたけど、さきほど行政官化、サラリーマン化と言ったように裁判官たちが腑抜けになっちゃった。それは矢口氏の認識でもある、われわれもそう思う。

大出　裁判官の不祥事が続きましたよね。あれなどは裁判官の官僚統制の延長線上に起こってきたと言われました。

宮本　そうです。女性被告人と性的関係を持ったとか、破産事件関係者からの収賄とか、暴行事件など、次から次に出てくる。これについては日弁連独自で調査してその報告書を基にして、最高裁に申入れに行きました。服部長官の謝罪談話ということにもなりましたけどね（一九八一年五月二日）。その後でも、三木首相に謀略的電話をかけたとされる鬼頭判事補事件なども起きています。

大出　服部長官の後は、寺田長官ですが、その後がいよいよ矢口長官の登場ですが。

宮本　矢口氏が長官になってからは、変化球がいろいろ出てきましたね。

大出　日弁連との間で、受け入れるかどうかはともかくとして、コンタクトがとられる状態が生まれることになったのですか。

宮本　いや、矢口氏の行動が予測がつかなかったということです。たとえば、最初の長官・所長会同で、「事件処理を急いで適正判断をおろそかにするな」といった趣旨の訓示をしましたが、訴訟促進を否定するかのようなことは今まで誰一人言わなかったことです。それから、この後、国民の司法参加にも関心を示します。

大出　後に最高裁長官になる竹崎博允氏たちを海外調査に行かせたりしましたね。ただ、このときに他方では、地家裁の支部の統廃合や簡裁の統廃合をやったでしょう。あれは矢口氏ですよね。

(3)　司法合理化への動き

宮本　簡裁の訴額引き上げ、統廃合（一九八七年九月成立）。つまり、簡裁を小型地裁にする。それから地家裁支部統廃合（一九八九年一〇月決定）。

大出　簡裁の統廃合、地裁支部の統廃合については、日弁連サイドはどういう対応をしたのかというと、必ずしも十分ではなかった感じがしますが。

宮本　基本的には全面反対です。

大出　反対とはいっても、その問題の本質がどこだったのかということとの関係では、弁護士会サイドとしては最高裁とは違った視点から、この問題にアプローチすべきだったと思うのですが。最高裁が企図したのは合理化による減量経営ですから、裁判所の都合です。当時は、弁護士の方も一般的に簡裁事件はやらない。交通の便の悪いところはなおさらです。ということで、利用者の便宜という視点はない。法曹人口を増やし、裁判官を配置できるようにするだけでなく、弁護士も対応できるようにし、法律扶助を拡充して、利用者の便宜を維持するという発想はなかったのではないですか。

宮本　最高裁からいろいろなものを出してくる。それに対し「統廃合反対、地域住民の利便を奪う」とは言うけれど、それに具体的な対抗策がなかったという反省はある。「裁判官を増やせ」、「弁護士を増やせ」、「われわれもちゃんと簡裁に行こうではないか」とか、提案をしようという考えには至らなかったですね。

大出　創造的で、系統的な問題提起で対抗することになっていなかったということですね。それまで批判とか反対ばかりやってきたからということでしょう。つまり、新たに自らの理念や発想で事態に対抗することができなかったことになるのではないですか。

宮本　自発的な行動の姿勢がなかったということです。受け入れの是非を検討しようか、あるいは裁判所の言うことを聞いてみようかというような。

よく覚えているのは、日弁連の司法問題対策委員会や理事会に、堀野紀さんが法曹三者協議の委員として毎回呼ばれて協議内容を報告させられるのです。そうすると、とっちめられるわけです。「何だ、そんな軟弱な姿勢をとるな。もう少ししっかり反対しろ」と叱咤される。それに対して堀野さんは反対ばかりではなくて具体的な対案を出す必要があるということで、「いや、奴隷の言葉を使わなければいけない場合もあります」とか、「腹構えはそうだけれども、相手がいることだから、ある程度柔軟に対応しなければいけません。そういう場合があります」と言うわけです。でも許してくれない。

大出　要は、司法問題に対する対応の仕方が手詰まりなっていたということですね。堀野さんが対応された問題は何でしたか。

宮本　簡裁統廃合や後には司法試験改革問題だったと思います。統廃合が、一九八五年から、八七年にそれが決着した後、司法試験改革問題ですか。

第2章

司法改革前夜の司法をめぐる状況

1　八〇年代司法に対する日弁連の認識

(1)　弁護士の認識の変化

大出　一九八五年に矢口洪一氏が最高裁長官になりますが、その頃と言いますか、一九八〇年代と言いますか、その頃の日弁連や東京弁護士会の司法問題についての基本的なスタンスや活動目標は何だったのですか。

宮本　弁護士の目から見ると七〇年代は、裁判所に対峙して、年がら年中拳振り上げていたという感じでしたが、八〇年代から九〇年代にかけては、弁護士会としての取り組みはかなり豊富で、いろいろなことをやっていたと思います。

大出　もう少し具体的に言うとどうなりますか。

宮本　司法反動化に対する闘い、というふうに括らないで、対行政でも対法務省でも、いろいろあります。民訴法改正、刑法の口語化、公益活動参加（プロボノ）、裁判ウォッチング、等々。そういう中で、弁護士自治に対する侵害の危険についての三回連続のシンポをやったりしていました。

大出　一九八〇年の司法シンポジウム第七回から三年連続で「国民のための弁護士自治」というメインテーマでやっていますね。一回目のサブタイトルが、「その危機と課題」、二回目が、「弁護活動をめぐって」、三回目が、「会内合意形成のありかた」になっていましたが、問題関心はどういうことだったのですか。

宮本　直接のきっかけは弁護人抜き裁判法案問題ですが、弁護士の活動領域が広がり、それ自体はよいことだったのですが、それとともに全体というわけではないのですが、だんだん仕事に向き合う姿勢が、ビジネスライクになってきた部分があって、なぜ全面的な自治が認められているのか、それに見合った弁護活動として求められていることはどういうことなのか、といったことで認識を共有することが難しくなり始めていたということではないかと思います。

大出　そのような事態をどう総括するかということで、「弁護士自治」問題に引き続いて一〇回目から一二回目まで「国民の裁判を受ける権利」をメインテーマにしたシンポジウムを三回行ったということですか。「国民の裁判を受ける権利」の一回目のサブタイトルは、「民事紛争解決の現状」ということでしたが。

宮本　それまで国民の立場に立って、裁判が機能しているのかどうか、いろいろ裁判所の実情を問題にしてきていたわけですけれども、それが国民にとってどういう意味を持っていたのかを確認する必要があるということだったのではないですかね。

大出　具体的には何が問題だったのですか。

宮本　市民の訴訟離れです。裁判外の民事紛争解決がいろいろな場面で進んでいるということで、要は、司法の使い勝手が悪くなっていることを明らかにしたということだったと思います。

大出　それで、一一回目の第二回で「民事裁判の現状と課題」ということになったのですか。

宮本　そうだったと思います。訴訟離れは、民事裁判が機能していない結果ではないかということです。ですから、民事裁判が、紛争を迅速に、公正に、妥当に解決しているかという実態を問題にしましたね。

(2)　法曹のあり方論議へ

大出　それで一二回目の第三回が、「法曹のあり方」ということになるわけですね。事態を打開する責任は誰にあるのかということですよね。

宮本　刑事だけでなく、民事についても行政についても、とにかくでたらめな判決がどんどん出る現実がありました。企業寄り、行政寄りのね、市民の方はどうでもいいという。それで、日弁連で市民の意識調査などいろいろやってたけれども、結局行き着くところは、われわれ弁護士は何をやっているのか、これでいいのかというところになっていって、一九八八年に名古屋で行われた一二回目では、弁護士が国民に対してどのような責任を負うのか、という議論になりましたね。

大出　そうですね。その名古屋の司法シンポと翌年の一九八九年の松江で行われた人権シンポが、弁護士の改革問題への関わりということで転機になったのではないかと思いますけどね。もちろん、両方のシンポに関わられたのですよね。

宮本　それがどうも、名古屋も松江も行っていて、名古屋は基調報告をしたかな。司会をしたかな。松江は民事の消費者問題の分科会で報告しました。

大出　名古屋では、民事と刑事と司法試験改革の三分科会が行われましたけど。名古屋シンポの記録によると、報告部会には入っていられますが、分科会は、刑事担当ということになっていますよ。私も刑事の分科会に助言者でお付き合いしていたのですけどね。

宮本　そうか、平野龍一さんが、その前に「絶望発言」をしていて、それで平野さんを呼んでやったやつね。刑事裁判が問題だということになっているのに、しばらく取り上げていませんでしたし、弁護士が事態を変えなければということで、取り上げないわけにはいかないという話になったと思います。

大出　確かに、事態を生み出した第一次的責任は裁判所や検察にあり、その責任をとらせる必要があるということではあるにせよ、そのような勝手を許した責任が弁護士にもあるのではないか、という話だったと思います。

宮本　そうそう。

大出　弁護士は弁護士なりの主体的な責任のとりかたを考えないわけにはいかないということだったですね。

宮本　その頃から、弁護士の数が足りないという話も出始めていたのですかね。

大出　「法曹のあり方と司法試験改革」の分科会では、当然問題になってましたよ。一九八七年の四月には「法曹基本問題懇談会」が設置され、法務省から「司法試験改革案」が示されていて、その案には、合格者の増員、具体的にはそれまで五〇〇名前後であった者を七〇〇名にするという提案が含まれていましたから。すでに一九八八年の九月には、日弁連も増員は認める立場を表明していたと思います。ただ、内部には強い反対があり、シンポでも激論になっていましたよ。増員容認論は、改革可能性を探る議論だったということでしょうね。

宮本　法曹人口問題についての決着は、もう少し後ですよね。

大出　そうですね。名古屋司法シンポと翌年の松江人権シンポは、藤井英男会長のときですけれど、私の承知している限りでは、藤井さんは、刑事司法改革の必要性を強く意識していました。とくに、名古屋シンポで、弁護士の刑事弁護離れが深刻だという議論があって、松江シンポでも刑事裁判を取り上げることを強く希望されたと聞いています。刑事弁護の拡充を願っていたということで、その置き土産が、一九九〇年の四月に発足した日弁連の「刑事弁護センター」ですね。消費者問題の分科会の議論は、どうでしたか。

宮本　とくにすぐに改革的議論につながっていくということはなかったと思いますが、この二つのシンポあたりから、司法問題「対策」から司法「改革」へと発想が変わり始めたかもしれませんね。本格的に司法改革という発想が表に出てくるのは、中坊公平氏が会長になってからだと思います。

■2　中坊会長の登場と司法改革

大出　中坊さんとの接点は。

宮本　中坊さんは主として大阪で森永ヒ素ミルク訴訟や豊田商事事件管財人など消費者問題に関わっていて、私は東京で司法問題が中心でしたから、接点はあまりありませんでした。ただ、藤井執行部の前の北山六郎氏が会長のときの事務総長が司法問題にはおよそ関心がなかったので、司法問題対策委員会は、大阪の会長で日弁連の副会長だった中坊さんに話をしたことがありました。その後、松江の人権シンポで、私が消費者が大企業を独禁法違反で追及した鶴岡灯油訴訟について報告することになり、大会準備の消費者委員会に出席することになって、その消費者委員会の中心人物が中坊さんでした。

大出　そのときに司法改革について何か話をするということがあったのですか。

宮本　そのときには、何か突っ込んだ話があったという記憶はないですね。

中坊さんが、次の年（一九九〇年）の藤井さんの後の日弁連の会長選挙に立候補するという話になったところで、司法問題の委員会のメンバーの鳥生忠佑、工藤勇治、堀野紀、宮本といったところが呼ばれて、中坊さんを囲んで話をしたことがあります。中坊さんが、司法問題についてあまり関わっていなかったので、司法についての選挙政策を作るという相談だったと思います。ところが、私以外は、あまりフィーリングが合わなかったようです。彼は「二割司法の打破」とか「法廷に一輪の花を」とか「司法の容量拡大」とか、旧来の司法問題族にとってはわけの分からないタームを連発するものだから、鳥生さんなんかは、何をふぬけたことを、法廷に花を一輪置いてそれで裁判が変わるのか、と言っていました。

大出　宮本さんは、ほかの方たちとどのように違っていたのですか。

宮本　そのときではなかったし、松江シンポの際でもなかったと思うのですが、中坊さんが、とにかく肉を切らせて骨を断つ、これは反対闘争だけではなかなかいかんぞ、というようなことを言っているのを聞いていたのです。ですから、私はチョッと違っていて、中坊さんはやれるんじゃないかと思っていました。中坊さんの頭の中はね、抽象的だけど、抵抗は限界だと、抵抗では物事が進まない、とにかくこっちから打って出よう、と。法廷に一輪の花を、というのは、そのささやかな一つの現れ、ということではないかということで、そのとき、なるほどなと思いました。私も、私自身の再任拒否から引きつづく官僚司法体制の改革が必要であるということを言っていましたから中坊さんも、それに親和感を持ったようでした。

大出　ほかの方たちは、最終的にどういう反応ということでしたか。

宮本　分かれましたね。たとえば、堀野、水野邦夫、寺井一弘といったところは、中坊さんと協力しようということになりましたが、鳥生、工藤といった「断固対決」を主張していた人たちは、そんなことではだめだと言う。だいぶ議論しましたけれど、結局降りるというか、協力しないということになっていきます。

大出　中坊さんが会長になってからはどういうことになりましたか。

宮本　会長就任後は、何かと引っ張り出されるようになりましたが、就任直後の定時総会（一九九〇年五月二五日）で「司法改革宣言」を提案したいということで、案文作りを依頼されました。最初、関西出身の副会長に指示していたのですが、それが気に入らなかったようで、一緒に作ってくれといわれました。少し大胆に、法曹一元と国民の司法参加（陪審）を盛り込みました。

（司法改革に関する宣言）

国民の権利を十分に保障し、豊かな民主主義社会を発展させるためには、充実した司法の存在が不可欠である。

わが国の司法制度が日本国憲法の施行により一新されて以来四〇数年が経過した。

この間、司法をとりまく状況は大きく変化し、とくに経済活動の発展と行政の拡大は、国民生活の向上をもたらした反面、国民に対する人権侵害等さまざまな摩擦を生じさせている。また一般の法的紛争も増加し、その多様化、複雑化が顕著である。国民は、司法があらゆる分野において人権保障機能を発揮するとともに、各種の法的紛争が適正迅速に解決されることを強く期待している。

しかし、わが国の司法の現状をみると、この国民の期待に応えていないばかりか、むしろ国民から遠ざかりつつあるのではないかと憂慮される。今こそ国民主権の下でのあるべき司法、国民に身近な開かれた司法をめざして、わが国の司法を抜本的に改革するときである。それには、司法を人的・物的に拡充するため、司法関係予算を大幅に増額することと、司法の組織・運営に生じている諸問題を国民の視点から是正していくことが何よりも重要である。さらに、国民の司法参加の観点から陪審や参審制度の導入を検討し、法曹一元制度の実現をめざすべきである。

他方、われわれは、弁護士会に自治権能が負託されている趣旨に思いをいたし、人権擁護の使命を十分に果たしているか否かの自省を重ねるとともに、自浄努力を怠ってはならない。当連合会は、これまでに司法制度の改革、改善のため数々の提言を行ってきたが、今や司法改革を実現していくための行動こそ、弁護士と弁護士会に求められている。

当連合会は、国民のための司法を実現するため、国民とともに司法の改革を進める決意である。

以上のとおり宣言する。

一九九〇年（平成二年）五月二五日

大出　最初の宣言としては、改革を目指す姿勢を意気高く示すということでは良かったのではないですか。歴史的宣言になりましたね。

宮本　弁護士と弁護士会に改革主体としての覚悟を求めたことには重要な意味があったでしょうね。中坊氏が最初にどこを指してだめだと言ったのか、それが分かれば、彼が目指していたものが分かるのですけどね。

大出　弁護士会以外の法律家団体の基本的スタンスは、消極的でしたね。分析的な批判は一生懸命やっていましたけれど、改革ということについて一応抽象的には市民のための司法の実現ということを言い続けていましたけれど、具体的な展望を示すということはなかったですね。

宮本　ですから、日民協・青法協・全司法といった批判的な団体の集会に出かけては、中坊氏の提灯持ちをやっていました。

大出　司法改革反対・批判というのは、結局どういうことだったのですかね。

宮本　「反動化阻止」というスローガンがまだ生きていて、「改革」以前に護るべきものがある、という司法の実情についての認識の違いや、それが前提になって、力関係からも国民の期待する改革は不可能で、改悪への道を開くことになると考えていたということかもしれませんね。

大出　改革の必要性と改革の可能性についての認識の相異ということですかね。学部のときに、一九六九年から「裁判制度ゼミナール」という、他の大学にはなかったゼミに所属していて、一九六四年に出された臨時司法制度調査会意見書の検討や「司法の危機」に対応するといったことをしていたもので、大学院に進学することになった一九七〇年代の半ば頃から、「裁判制度ゼミナール」のときの先生の一人から話があって、日民協の司法制度委員会で、毎年行われていた司法制度研究集会と、その中間でやっていた誌上シンポジウムを手伝っていました。その頃は、どんどん司法の状況は悪くなっていきますから、どんどん批判のトーンも強くなっていきます。でも、批判を強めたからといって事態は変わらないわけです。それは基本的には、批判というのは、現状を護るためという面があって、具体的な改善・改革方策は打ち出せない。ですから、すでに進行してしまっている悪しき実態を打開する力にはならないということだったと思いますね。それで、一九九〇年時点では、積極的に改革のための方策を探るしかないと思っていました。それで、宮本さんの意見も伺ったことがあったのですが、ご記憶ですか。

宮本　記憶にないですね。

大出　日弁連の司法改革宣言の後だったと思いますが、静岡大学にまだいたときか九州大学に移ってからかは定かではありませんが、刑事弁護センターが創設されて、被疑者国選弁護制度の実現を目標にする活動が始まっていたと思います。東京に出た際に、事前に連絡させてもらって、日比谷公園の、今でもありますかね、大きな噴水の前で待ち合わせて、噴水を背に腰掛けて、日弁連がどこまで本気で考えていられるのか伺いました。要は、「中坊さんは司法改革で騒いでいるけれど、中坊さんは、司法問題について分かっているのですかね」と。

宮本　それで私は何を言ったんですかね。

大出　私が中身で覚えているのは、「まったく分かっていません」という回答でした。当然「えっ、それでなんとかなるんですか」と聞きますよね。そうしたら、確か「私たちがやります」ということだったと思います。

宮本　確かに、中坊氏は、司法改革といっても、実際に具体的に何をやるか、というのはまだまったくなかったですね。法曹一元とか陪審とか、何だか全然分かっていなかったですからね。その必要性というか、このままじゃいけないということは動物的に感じてはいるけど、論理としては、分からない。

大出　それで、中身を作るのは、宮本さんたちがやった、と。

宮本　そう。

大出　話は、符合しているのですが、とりあえずの先程の趣旨に添ったその後の展開は、どうなりましたか。

宮本　その年、一九九〇年ですけれど、その一一月一七日だったと思いますが、第一三回目の司法シンポジウムを開催することになっていて、そのテーマを「裁判の現状と改革の展望――国民の司法への参加を考える」にしていました。はじめて、「改革」をテーマにして、その後ずっと「改革」のテーマが続くのですけどね。そのときに、司法改革推進の組織と課題検討のための実践部隊としての司法改革推進のためのセンターを作ろうという決議をしました。

大出　それで、推進センターは、すぐに活動を開始するという話になったのですか。

宮本　そう簡単ではないですよ、日弁連は。まず、日弁連の正式な委員会を設置するわけですから、その必要性、要は、司法改革の課題ですけれど、それを明らかにして、その課題を実現するためにどのような組織を作るかを検討する委員会を作りました。

大出　随分と迂遠な話ですね。

宮本　「改革」に対するアレルギーもありましたしね。それでできたのが、「司法改革に関する組織体制等検討委員会」です。

大出　名前からして、厄介ですね。

宮本　しかも発足したのは、一九九一年の四月になってです。委員長には、中坊さんが私を指名しました。そのときの指示は、「自分の任期中に答申してくれ」ということでした。本気でしたね。ですからこっちも急ピッチでやりました。

第3章　司法改革への態勢整備

1　答申「司法改革とその展望」

大出　答申がまとまったのはいつですか。

宮本　一九九一年の一一月二五日に提出しています。

大出　その前の五月には、「第二次司法改革宣言」がでていますね。「国民とともに、総力をあげ、司法改革を実現していく」決意を表明していますよね。

宮本　そう。答申を意識し、「弁護士の自己改革」も追加して宣言にしました。改革への弁護士の本気度を示す必要があると思いましたね。

大出　答申の中身は、どういうことでしたか。

宮本　タイトルを「司法改革とその展望」として、刑事当番弁護士をはじめとして弁護士偏在の解決や弁護士報酬規定の改善など各司法改革活動のテーマが多種多様でしたから、それらの改革課題を網羅しました。裁判と裁判制度の改革と運用の改善に関する三二項目、弁護士および弁護士会のあり方の改革に関する二〇項目、法制度の改革に関する二九項目、市民とともに歩む司法改革に関する四項目の八五項目です。

大出　八五項目というのは、いかにも多いですが、その心は。

宮本　本気で改革を主張する以上、それまで確認してきた問題点を全体として体系的に示して改革の方向性を明確にする必要があると思ったからですけどね。

大出　網羅的というのは、格好はよいですけれども、下手すると総花的に体裁を整えたということになりかねないですけど。

宮本　もちろん気をつけました。改革の方向性が分かるというか、実現が不可欠であることが腑に落ちるように、その中でも初年度から取り組む必要のある重点項目を七項目に絞って提示しました。

大出　具体的には。

宮本　まず、「法曹一元化と弁護士任官」でしょ、次に「国民の司法参加」で「陪・参審の実現」、三番目は、「司法の容量拡大」で、司法予算と裁判官等の増加、国選弁護報酬の増額と法律扶助制度の抜本的拡充、司法関係者の増員と待遇改善です。それから「訴訟を利用しやすく」するために、訴訟救助制度の拡充と訴訟印紙額の低額化ですね。五番目には、「訴訟運営の改善」です。法廷の構造や法廷慣行の見直しも入れています。その延長線上で六番目に、「市民サービスの拡充」、そして、最後に、日弁連からの裁判官推薦制度の改革および全体としての任用制度の改革の手はじめということでの「最高裁・判事任用制度の改善」です。

大出　順番も、こういうことだったのですか。弁護士向けということですかね。それと、「実践部隊」の組織方針も提起したのですね。

■2 「司法改革推進本部」の設置

宮本　各単位弁護士会と各委員会が取り組んでいる課題を「全体的視野で取組む」（答申書九頁）組織として、委員の数二〇〇名（各単位会から二名以上、うち一名は単位会会長）、日弁連会長を本部長とする運動体としての「司法改革推進本部」の設立を答申しました。

大出　新組織の設置ということでは、かなり大胆な提案だったのでは。

宮本　確かに。答申の準備過程でも、委員会内外から新組織設置に対するさまざまな批判的意見が出されていました。それで、そのような批判に配慮して設置要綱の趣旨説明の中で、四点の注釈をつけました。

大出　具体的には。

宮本　まず、この組織は執行部と一体となるものではなく基本的には他の対策本部型組織と同じである、ということです。二つ目は、他の委員会とは並列的関係にあり、既存委員会活動を統合したり、指導したりするものではない。第三に、他の組織が取り上げてこなかった独自の課題に重点的に取り組む。最後に、課題によっては、他の委員会と連携しつつ相互に協力共同しあうようにする、ということでした。

大出　これだけでも、どんな批判が出ていたか推測はつきますが、もう少し具体的にということではどうなりますか。

宮本　今でも忘れません。一九九一年一二月の理事会が一番だったかもしれませんが、ともかく、いろんな角度から出るわ出るわ。まったく参りました。まず、内容との関係ですが、司法改革の課題には、日弁連が取り組んでいるあらゆる課題が包含可能になっているということで、そうすると単位会会長全員をメンバーとする司法改革推進本部は、「司法改革」と称して日弁連執行部の方針にかかわりなく独走することを許すことになるのではないかということでした。「第二執行部論」ですよね。かと思えば、それとは逆の立場から、会長が本部長となり全単位会会長がメンバーとなる新組織は執行部と一体となり、執行部の手兵となるというのです。会長の実権を強化し、理事会を軽視するものである、というのですが、要は、中坊さんの会長としてのやり方に対する反感ですね。三番目は、全体的な組織体制との関係ですね。新組織ができれば、その担当課題からして従来の委員会はみんないらなくなる、または司法改革推進本部が指導して他の委員会が下請組織となる。とくに司法問題対策委員会は実質何もやることがなくなるのではという批判ですね。屋上に屋を架するといいながら、要は、セクショナリズムですね。それから、課題の中に、弁護士および弁護士会のあり方の改革を掲げていましたから、弁護士の意識改革や弁護士のあり方に口を出すのは弁護士と弁護士会への介入である、というのもありました。

大出　厄介でしたね。ちょっと角度を変えると、司法改革路線に対する守旧派的発想からくる反発、現状肯定や司法改革路線に対する反権力的発想からの批判、最高裁への反対と抵抗がないということですか。中坊司法改革へのアレルギー的な危険視、執行部に対する反執行部的、会内権力闘争的反対、というものが入り混っていたということでもありますか。

宮本　そうです。いろいろな思惑が、結果的には手を結んで、場合によっては危険な状態を生み出していたという感じでしたね。言いたい放題ということでは、もっと後でのことですが、正副会長会で「それでは司法改革推進本部は関東軍になる」という発言が出たり、さらに後、司法問題対策委員会との統合作業が進んでいる中「統合は司法改革帝国主義だ」という意見を私に直接投げかけた人もいました。「中坊は、ヒットラー、宮本は、チャウシェスク」というのもありました。よく考えますよ。

大出　まさに、大荒れですね。そのような状況を中坊さんはどう見ていたんですか。

宮本　その点では、中坊氏にはまったく私心がなかったですね。司法改革推進の体制ができれば、経緯はどうでもいいという姿勢でしたね。中坊氏は、従来からの司法問題対策委員会と統合させる必要があるなら司法改革推進本部が吸収されてもかまわない、と言っていました。問題は司法改革を進めるために何が必要であり、どうすればいいのか、ということであり、司法改革推進本部の覇権確立ではないのです。どこかに吸収されてもいい、というような帝国主義は世の中にないですよ。

大出　それで、どうされたのですか。

宮本　一二月の理事会を通すことはできませんでした。一九九二年一月に持ち越して、その間に司法改革推進本部の設置要綱案に二点の修正を行うとともに年末年始にかけて全国の主要単位会に説得にまわりました。
大出　二点の修正というのは。
宮本　まず、委員定数を半減させて一〇〇名にすることにしました。それから、推進本部の取扱課題についても、会長が定めるだけでなく、理事会の議を経ることにしました。
大出　思い切った修正ですね。通すことを最優先したと言うことですかね。
宮本　確かに、このような大幅修正でなくてもっと小幅な修正であっても、設置要綱案は理事会の承認は得られたかもしれないとは思いますから、ある意味では過剰に反応しすぎたといえるかもしれませんね。私はとくに定数半減には反対でした。でも、司法改革を日弁連の全会あげての運動にして、司法改革推進本部をその拠点として認知させるためには、理事会の圧倒的多数の支持を獲得することが必要だと中坊さんは考えてましたね。お陰で、一月の理事会で、反対五名で承認されましたから、この修正は効果的ではあったと思います。
大出　取扱課題はどうなったんですか。
宮本　中坊さんが会長の内の三月の理事会で、司法改革推進本部の一九九二年度の活動課題として、民事訴訟運営の改善策と弁護士任官の推進、の二つを定め理事会の承認を受けました。
大出　綱渡りといえば綱渡りですが、中坊さん一流の確信があったんでしょうね。
宮本　修正案を携えて全国行脚に打って出た反転攻勢振りは、中坊さん独特の勘の冴えでしたね。でも、このとき強要された修正が、司法改革推進本部のその後に大きな影を落としていくことになったのも否定できません。

大出　当初の意気込みからすると大幅な後退ということですね。

宮本　苦労しましたね。まず、態勢ですけど、委員一〇〇人といっても各単位会の執行部から一名を入れることにしていましたから、実質的にはさらに半減以下ということでした。ですから、いろいろな方法を駆使して人材の発掘と確保に腐心しました。とはいえ、各単位会での足場作りは容易ではありませんでした。ですから、単位会と推進本部との緊密な連携を実現するということにはなかなかなりませんでしたね。それは、取り扱える課題が二つに限定されたということも影響していたと思います。当初の計画からすれば、ほとんど何もできない状態でした。しかも、そのことは会内外ではあまり知られていなかった。ですから、「推進本部は何をやってるんだ。法曹一元や陪・参審をやらないで何が司法改革か」みたいなことも言われていました。手足を縛られていて、できないのにです。

3　市民とともに

大出　それでも、司法改革へ向けての雰囲気作り、というと語弊があるかもしれませんけど、さっき触れた第二次司法改革宣言だけでなく、ほかにもやれることをやるということでの動きはありましたよね。一九九二年一一月の末には、第一四回の司法シンポが福岡で開催されてますよね。メインテーマは「市民とともに司法改革を考える」でしたね。はじめて「市民とともに」ということで、実際に市民にも参加してもらって、「市民のため」「国民のため」の実質化による司法改革運動の転換点したいということだったようで、大変な意気込みのようでしたけど。

宮本　確かに意気込みは良かったし、視点の転換になったけど、まだまだ観念的でしたし、ようやく実践的課題を明らかにするという段階でした。しかもさっき言ったように、実践部隊が十分に力を発揮できるようにしていないんだから。

大出　市民参加は、実質化できたのですか。

宮本　その点では、大きな成果がありました。福岡シンポは市民も含めて一一〇〇名というそれまでにない多くの参加者がありました。

大出　それから、このシンポへ向けてということでもあったんでしょうが、一〇月号の「自由と正義」が、「市民と司法改革」という特集を組みましたね。中坊さんが巻頭で、「『司法改革』を推進する日弁連の基本姿勢」を書かれてます。なぜ、司法シンポが「市民とともに」をテーマにしているかを明快に述べています。例のわが国の司法が二割の機能しか果たしていないという「二割司法」論も連発されますけど。「市民が変わらなければ司法は変わらない」、「司法をもっと市民に身近なもの、分かりやすいもの、納得できるものにして、市民が司法をもっと利用しやすいようにする」というのも、シンポの基調報告よりは、分かりやすく練られた感じはしましたけどね。でも、最後の「日弁連の取組みと今後の課題」は、新味がなかったですね。

宮本　さっき言ったように、推進本部の活動が制約されていましたし、司法シンポ自体は、推進本部の事業ではありませんから。でも、司法シンポでは、弁護士会が主体的に取り組む課題は提起しました。具体的には、市民窓口の設置、法律相談活動の充実・強化、法廷傍聴運動の全国的展開、「裁判を傍聴する会」など市民グループとの連携ですね。

大出　そうですか、実は、なぜ振られてきたのか分からないのですが、私も原稿を依頼されていて、「司法改革への期待」というタイトルで、最後に「日弁連の司法改革に大いに期待したい」というエールを送らせてもらったんですけどね。そこでは、同じように、まず「市民を法廷に」と「弁護士が窓口に」といった提起をさせてもらいました。裁判傍聴運動は、その後全国的に広がることになりますよね。次の年の秋には、「裁判ウォッチング全国ネットワーク」だったと思いますが、その市民団体と一緒に、「裁判傍聴を考えるシンポジウム」もやりました。福岡から学生を連れて参加しました。それから、思い出しましたのでついでに触れておきますと、一九九三年の三月号の法学セミナーで、「司法は本当に変えられるか——市民とともに歩む司法改革をめざして」という特集を組みました。私が、冒頭の総論を「司法を変えるために誰が何をすべきか、できるか」というタイトルで書かせてもらいました。さきほど触れた、第一四回司法シンポジウムのメインテーマ「市民とともに司法改革を考える——司法を市民の手に」が、画期的であったと高く評価して、発想を変えた上で、さらに「何をどう考えるか」、「実践的にどう一歩を踏み出すか」という問題提起をさせてもらいました。改革課題にあげたのは、自由と正義の一〇月号で書かせてもらったこととそう変わっていませんけどね。それはともかく、シンポといったイベントはともかく、推進本部としては、課題を限定された中で、その他にどのような取組みをされていたのですか。

宮本　取り扱う課題については、阿部三郎会長になって一九九三年に、①最高裁判事の任用制度、②司法の人的・物的設備の充実、③弁護士会の施設利用、の三項目が追加されました。それにその前から何とか口実を設けながら担当範囲をできるだけ拡張しており、必要な調査や会内外での協議・交渉、懇談など、やるべきことはやりました。民事訴訟に関わる調査は、一九九二年の六月末から一ヶ月かけて、各弁護士会を訪問して徹底してやりました。最終的に最高裁あたりと折衝するにしても、データなしには足元を見られるということを何回も経験してますから、調査は、司法改革推進の武器だと思っていました。各裁判所の充実促進策についての問い合わせ・現地調査、全裁判所の物的施設の現状調査、裁判官の執務状況の調査などですね。現地調査はもちろんですけど、裁判官退官者に対するヒアリングもしました。

大出　その結果確認できたことで、その後の展開に関わって重要だったことは何ですか。

宮本　一つは、裁判官不足ですね。とくに地方の支部では、深刻な事態でした。裁判官だけというわけでもなかったですから、裁判官「等」の増員のための司法予算の増額を要求することにしましたし、各弁護士会に各地の裁判所と協議するように要請しました。このときには最高裁も訴訟運営の改善について各弁護士会と協議するようにという指示を出しましたね。このあたりから、なんとなく裁判所と話し合う余地がありそうだということになったかもしれませんね。

それから、さらに厄介な問題が弁護士の偏在であるということもハッキリしました。確か、いわゆるゼロワン、地裁支部管内に弁護士がゼロか一人というところが、四〇％近くあったと思います。

大出　それで、第三次司法改革宣言ということにもなるわけですね。

宮本　そう、一九九四年に土屋公献会長に変わって、五月の総会で、「弁護士偏在の解消」を司法改革の目標の一つに挙げた第三次の宣言を決議しました。

■4　規制緩和的司法改革の登場

大出　その頃ですよね。経済同友会の「現代日本社会の病理と処方」が出てくるのは。

宮本　一九九四年六月三〇日ですね。

大出　規制緩和論からの司法改編論議の端緒ですけれど、規制緩和によるトラブルの発生を事後的に解決するために司法が機能してくれないと困るという話で、具体的にあげられていたのは、「個人にとって身近な司法」の確立ということで、要は、裁判所が紛争解決のために役に立っていないということで、アクセス可能性を拡充するために、「法曹人口の大幅増員」や「法律扶助制度の拡充」を提起していましたね。その実現のために「司法改革推進審議会（仮称）」を設置すべきということも言っていました。この時点では、日弁連の司法改革は、すでに本格化しつつあったということですよね。

宮本　そのとおりです。確かに、一九八〇年代からアメリカの市場開放要求との関係で司法分野について要求が出されるといったことがなかったわけではありませんし、鈴木良男氏など個人的にいろいろ規制緩和的なことを言っていた人たちはいましたが、規制緩和的司法改革路線が始まったのは、細川内閣のときからで、経緯としては、司法改革宣言に経済同友会が反応したということでしょう。細川政権のときまでには、日弁連は第二次司法改革宣言を決議していますし、経済同友会の文書の前に第三次司法改革宣言を出しています。

大出　中坊さんの言い方に乗っかって「二割司法」という言い方をしていたとはいえ、単純に応援団と考えたわけでもないと思いますが。

宮本　「病理と処方」が日弁連が目指してきた司法改革を実現するきっかけになるのではないかとは思いましたね。もちろん応援団とは思えないし、その政治的脈絡については当然警戒していましたけど。反対派に攻撃材料を与えることにもなりかねないという議論はしていましたし、旗幟を鮮明にするということには慎重に対応することにしていましたね。

大出　政治的に利用可能ではないかといった発想はもっと後ですか。

宮本　そうですね。最終決断は、自民党が動き出してからだったと思います。

大出　推進本部の活動に何か影響したということはありましたか。

宮本　ようやく、多角的で広い視野の中で司法改革を考える必要があるということが会内でも理解されるようにはなりました。それで、土屋執行部になってから、本部の活動範囲をさらに拡張して課題化することをしていました。そして、第三次司法改革宣言の翌年の一九九五年六月には推進本部で「司法改革全体構想」をまとめました。二〇〇〇年までの到達目標を一八項目にまとめた内容です。司法改革組織検討委員会が当初まとめた内容からすれば控えめですが、具体的で、体系的です。

大出　改革課題についての体系化・精緻化が進んだことは分かりましたが、実践的な基盤の確保という点ではどうでしたか。

宮本　日弁連内部では、しだいに「司法改革」が合い言葉のようにはなっていきました。でも、どうにもなかなか当番弁護士制度のような、全弁護士の関心とエネルギーを結集できるような具体性のある目標を提起できない状況が続きましたね。多くの会員の中に司法の現状に対する不安や不満や、漠然とした改革要求があったことは間違いないですが、会員の中から湧き上がった要求が結実したというよりは、「上からの改革」という色合いの強いところがありました。ですから、なかなか力量がついていかないということでもあったのですが、前にも触れた調査などやるべきことはやっていましたから、最高裁との間での継続的な協議のテーマも増えましたし、司法改革をめぐる報道機関などへの情報発信や、外部団体との意見交換などが活発に行われるようになりました。

大出　最高裁との間で取り上げていた協議事項としては何がありましたか。

宮本　事務次長や人事局長との間で弁護士任官について協議が行われていましたし、民事訴訟の審理のあり方については今井功民事局長とでしょ、他にも速記官問題や施設改善について涌井紀夫総務局長ともやりましたね。

大出　最高裁との協議についての、会内の評価はどうでしたか。

宮本　一部からは、想定内ですが、対決姿勢が弱いとか、「取り込まれ路線」だといった批判を受けていました。でも、私は、当然違った見方をしていました。第一に、最高裁が、対話のテーブルについてくることを評価すべきだと思っていました。日弁連も変わったかもしれませんが、最高裁も変わったということです。それは、最高裁がかつてのように日弁連の意向を無視して暴走することを許さないだけの力を日弁連がつけたということだったと思いますし、時代状況も変化していたということだと思います。だからといって油断は禁物だということは、肝に銘じていました。裁判所の権力機関としての本質までが変わったわけではなく、「司法改革」といってもあくまでも「同床異夢」である場合が多いわけです。それでもともかく成果をあげていましたから。たとえば、ラウンドテーブル法廷を制度化して公開を保障させたとか、裁判所施設についての資料をはじめて裁判所の方から出させたとか、民事の審理充実促進方策の一方的抜き打ち的実施をストップさせたといったことです。大成果というわけではないかもしれませんが、それまででは想定しにくい事態だったことも間違いないと思いますよ。

大出　経済同友会の動きはあったわけですけれど、九〇年代半ばの司法改革をめぐる状況というのは、そのような地道な活動の積み重ねという感じだったということですか。

宮本　そうですね、九〇年代の終わりに近づいてあらためてアメリカや経済界の動きに反応して、政権政党が動き出すまではね。

大出　ただ、法曹人口問題をめぐっての動きは、その半ば頃の大問題だったのでは。

宮本　確かに、今になって考えてみれば、規制緩和路線にとっては、具体的で分かりやすいテーマで、対応を誤ると、弁護士会が一方的に悪者にされて、摘まみ食いになりかねないところがあったかもしれませんね。

5　自民党「司法制度特別調査会」への対応

大出　そのような中でだと思いますが、一九九六年の一一月に大宮で行われた第一六回の司法シンポジウムは、「市民のための司法へ——法曹のありかたと法曹人口」というテーマでしたが。

宮本　その頃には、法曹人口の増員だけを話題にするのではなく、司法全体との関係で、法曹人口の問題を位置づけるということで、「小さな司法」から「大きな司法」へという問題関心が広がり始めて、規制緩和論に対抗する論調が、推進本部以外にも生まれていましたからね。

大出　司法問題対策委員会との統合が実現したのも、その頃ですか。

宮本　そうですね。従前の司法政策に対する強硬な批判的論陣を張って、反最高裁の先頭に立ってきた司法問題対策委員会と司法改革をめざす推進本部を統合させようという話です。その接点が、規制緩和論を乗り越えた「市民のための司法改革」でしたね。中坊さんなんか、それが実現するなら、名前はどうでもいいという、つまり、司法問題対策委員会への統合でもいいという柔軟姿勢でしたけど、最終的には、司法改革が政治日程にのぼりそうになった一九九六年四月に司法改革推進センターという名前と態勢になりました。私が、事務局長ということになりましたが、法曹一元と陪審・参審制度の実現を活動目標の正面に据えることになりました。

大出　そのことで、規制緩和論に対抗する態勢ができたということでしょうか。

宮本　そうですね。日弁連側の司法改革体制が一応できたという程度の感じにはなりました。

大出　一九九六年あたりから、あらためて財界の動きも表面化してきますね。一〇月には、経済団体連合会（経団連）が、「規制の撤廃、緩和等に関する要望」で、弁護士の法律事務独占を「規制」と見る立場から、弁護士以外の法律事務の取扱いの容認や法曹人口の増員、外国人弁護士の活動範囲の拡大を主張しましたが、翌年の一月二二日には、経済同友会がまた意見書を出しますね。「グローバル化に対応する企業法制の整備をめざして――民間主導の市場経済に向けた法制度と立法・司法の改革」です。一九九四年の提言よりも、明確に企業の立場からの規制緩和的な要請になっていましたね。さらに、一九九八年五月一九日には、経団連が「司法制度改革についての意見」を取りまとめていましたし、その直後（一九九八年一一月）には、いよいよ自由民主党（自民党）が表だって動き始めることになりますね。

宮本　その一一月の自民党の「司法制度改革の基本的な方針」（「方針」）は、前年の一九九七年六月に自民党が政務調査会（政調会）の中に設置した「司法制度特別調査会」がまとめたものです。実質的な動きは、その調査会の設置あたりからですね。

大出　調査会には最初から対応することになったのですか。

宮本　自民党が調査会を設置することになった六月に、当時の日弁連の小川信明事務総長から至急相談したいことがあるという連絡がありました。要は、「自民党が調査会を設置するので日弁連に出てこいと言っているけど、どうするか」というのです。どうも自民党はアメリカからつつかれ、財界からも次々に要求が出てきて、どうにかしなければと思ったけど、何をしていいか具体策に乏しくていろいろ聞いてみたけれど、法務省は人数が増えればよいとしか思っていないし、最高裁は、改革の必要性はない、あるとすれば弁護士の改革だと言ったようで、さしあたり弁護士自治について検討したいということで日弁連に出席を求めてきたということです。弁護士自治の見直しのほか具体的には、主として法曹三者協議のあり方などを問題にしていたのですけどね。

大出　一九七五年の国会の附帯決議ですかね。あれは、簡易裁判所の事物管轄の引上げに関わってでしたね。

宮本　そもそもは、臨司路線に通じる簡裁の事物管轄の引上げ法案を日弁連の反対を押し切って提案したことで国会審議が混乱したということを受けて、司法制度に関する立法については法曹三者の意見を調整して法案を提出するようにという決議が行われ、それがまだ生きていましたからね。直近では、司法試験改革問題についての三者協議が、延々と決着がつかなかったとか、民訴法改正について日弁連が強く反対していて法制審議会の結論が出ないということも念頭にあったのです。政治的脈絡で司法改革を問題にするとなると、この決議が障害になると思ったのでしょう。

大出　それでどうすることになったのですか。

宮本　事務総長は、それまで日弁連は、政党の会議に出たことがないという前例を気にしていましたね。いくら政権与党とはいえ、一政党のしかも政務調査会内の一調査会ですから。しかし、出なければ、欠席裁判で司法改革が弁護士改革にされて、弁護士自治を奪われて終わってしまいかねないと思いました。ですから、私は、「出るべきだ」と言いました。ただし、会長と副会長は出ないで、事務総長と事務次長だけが出る、具体的な会議の対応は推進センターがやるということを提案しました。

大出　結果的には、ということでもありますが、重要な決断でしたね。

宮本　それに、自民党の陣容を見ても、司法改革ということについて、どこまで具体的なアイディアがあるのかということもありましたし、弁護士自治への介入を避けるためにもかえって積極的な対応が不可欠だと考えました。それで、委員八名のプロジェクトチームを設置して、対応策を検討するとともに、司法改革についての日弁連としての緊急の当面の要求をむしろ積極的にこちらから調査会に提起することにしました。この機を逃しては、日弁連が目指してきた司法改革の実現はない、と思いましたからね。ですから攻めの姿勢で、主導権を握るという意気込みだったと思います。それでとりあえず提起した具体的内容は、①司法予算の拡大、②裁判官・検察官の増員、③被疑者国選弁護制度の創設、④法律扶助の拡大、⑤法律相談センターの増設、⑥法曹人口の漸次的拡大、の六項目でした。そのときの対応の経緯は、「法と民主主義」三二九号四〇頁以下に書いています。

大出　この自民党の司法特別調査会は、政務調査会法務部会に設置されたということだったと思いますが、陣容はどうなっていましたか。

宮本　会長は、山崎拓衆議院議員で、会長代理が保岡興治衆議院議員でしたけれど、翌年の四月に保岡氏が会長になりましたね。七月に発足し、八月二八日には、早々と「司法制度の充実をめざして」を公表しましたが、その内容には、日弁連が提起した、前述の①と②と④が重点項目として盛り込まれていましたし、この時点ですでに、法曹三者協議会問題というか、弁護士自治問題は、消えたというか入らなかったですね。

大出　積極的対応が功を奏したということでしょうが、調査会は、一一月一一日には、「司法制度改革の基本的な方針」を取りまとめていますが、サブタイトルが、「透明なルールと自己責任の社会に向けて」ということで、いかにも規制緩和論からの方針提起という感じですが。

宮本　各方面からのヒアリングを前提にまとめたもので、具体的検討事項として「人的なインフラ整備」が一四項目、「制度的なインフラ整備及び司法と立法のあり方」一六項目が挙げられていましたが、その他に、当初の事項には入っていなかった、知的財産権の紛争処理と陪審導入の二つを加えて三二項目が検討事項になっていました。その中には、実は、前に触れた一九九一年一一月に、日弁連で司法改革組織検討委員会として答申した「司法改革とその展望」で整理した司法改革の当面の七課題や網羅的に整理した八五項目が相当数盛り込まれていました。ですから、その後の議論も実際には日弁連の要求項目と一致するところが多かったのです。

■6　自民党「指針」と「方針」

大出　その対応体制は、どうされたのですか。

宮本　検討は翌年の四月までで、半ばまでには提言をまとめるというスケジュールになっていたと思いますし、実際に六月一六日には、「二一世紀司法の確かな指針」(「指針」)と題する報告書が提出されましたから、かなりハードでしたね。「人的インフラ」と「制度的インフラ」の二つの分科会で検討が進められましたけれど、それぞれ隔週で議論するというので、毎週ですよね。結局、五月下旬までに合計二〇回行われましたね。最高裁と法務省は常時出席で、他の士業団体も随時出席していました。経団連の事務局も出席してました。各テーマについて法曹三者が順次意見を述べて、その後調査会メンバーと意見交換をするということで進行していました。ということで、そのような進行に対応できるように、推進センターに一三のワーキンググループを作って各事項に個別に対応するようにして、チームの責任者がテーマ毎に出席して、日弁連の意見を述べるようにしました。私も、もう亡くなられましたけど、福岡県弁護士会の荒木邦一弁護士と分担して毎週朝八時からの全会議に張り付きました。荒木さんは、「制度的インフラ」の第二分科会の主査だった太田誠一議員の中学校の先輩でしたからね。

大出　といっても、そもそも自民党の調査会に出席することにも異論があったのですから、対応方策についての合意形成はどうされたのですか。

宮本　もちろん、出席に強く反対する意見から、会内民主主議の観点から会内意見の集約を求める意見など、推進センターやワーキンググループの中でも、繰り返し主張されていました。それらの意見はもっともなところもあったのですが、前に言ったように、政権与党の動きに対応しないことによって起きるであろう事態を極力回避する必要があったし、その改革の方向性が日弁連が目指してきた改革の方向性と客観的には一致している内容が多く含まれている以上、その機会を積極的に利用すべきです。センター内でも、自民党調査会の中で日弁連の立場を強力に主張して、日弁連の目指してきた改革に少しでも近づける最大限の努力をし、日々進行する事態に対応しながら、会内の周知と合意のために最善を尽くすということに意見がまとまっていきました。

　ということで、一九九八年二月二六日の推進センターの全体会議で、基本的な対応方針を決めました。その要点は、①政府の進める規制緩和の考えを肯定はできない、②規制緩和で犠牲になる者の保護が司法の重大な役割で、公正な競争のためにも司法が役割を果たす必要がある、③その意味で、日弁連と調査会とは考えが異なる、しかし④一致する部分は協力し、一致しない部分は是正を求める、ということでした。さらに、調査会での各検討項目についての四月時点での日弁連の対応状況を取りまとめた意見書を理事会に提出し、各単位会に配付し、意見を取りまとめました。

大出　走りながら考えるという感じですが、基本スタンスが徐々に具体化されていったということでしょうね。

宮本　そうですね。そういうことでは、まだ言っておく必要のあることがありますね。推進センターでは、四月下旬に「自民党の司法制度改革への対応の基本方針について」（以下「基本方針について」という）の「試案」を作成しました。順次修正をしていきましたけど、最初の時点で、自民党の司法改革案を分析し、その特徴を「基本方針に見る自民党の司法制度改革の特徴」として六点にまとめていました。第一に、規制緩和政策に基づく国家改造計画の一つとしての司法の再編であること、第二に、国際基準への適合を目標にした司法の再編であること、第三に、企業の経済活動に重点をおいた司法整備であること、第四に、政治、経済からの司法への本格的発言であること、第五に、弁護士制度の改革が焦点の一つであること、最後に、第二臨司ないし行革委員会の司法版である政府機関の設置が提案されるであろうこと、といったところですね。

大出　その限りでは、規制緩和的司法改革だとして反対していた人たちと基本的には同様の分析をしていたということですけれど、前にも触れましたが、その後の対応が異なったわけですね。それを分けたのは何ですかね。

宮本　改革の必要性についての認識というか現実感というか。それは、自民党の認識、対応力についての認識の違いということも含めてですけれどね。

大出　つまり、具体的な改革内容では、対抗する余地があったということですね。

宮本　そうです。ですから「基本方針について」では、対応方針も決めていて、第一に、自民党の提案する各項目について、賛成・反対・要検討のいずれかの態度を明確にし、画一的な対応をしないことと、第二に、後に「指針」で「司法制度審議会（仮称）」として提案されることになる新しい調査機関が第二臨司にならないように、組織と運営の公正を期すことを前提に、積極的に参加して日弁連の目指す司法改革の実現を働きかけること、としました。自民党の「指針」取りまとめの直前には、「基本方針について」の方針に即した文書を作成して、「指針」に日弁連の考え方を反映するように働きかけることもしました。

大出　ところで、一つの焦点になるとみていた弁護士制度改革、とりあえず話題になっていたのは、法曹三者協議や弁護士自治の問題ですが、どうなりましたか。

宮本　調査会の「方針」では、最後の方の「司法と立法のあり方」に、法曹三者協議や弁護士自治問題も項目としては残っているけれど、前面に出てくることにならなかったですね。調査会での議論では、分科会の前半で扱われ、弁護士の業務と弁護士会の会務運営、とくに弁護士の法律事務独占と弁護士自治について、調査会のメンバーの議員と日弁連側出席者との間で相当激しい意見の応酬がありました。「弁護士会は誰からも監督を受けない唯一の団体である」という宣伝がかなり浸透していて、どのような形かで弁護士自治への介入を考えていると思われました。また、法律事務の独占についても、当方の主張の理論的説明が必ずしも容易ではなく、関連業種からの参入圧力も強く、政治的支持基盤の維持とも絡んでいて、そう簡単に諦めないと思われました。法曹三者協議や法制審議会、法曹資格要件などについても「法曹仲間的発想」だといった批判がありましたね。ですから、弁護士自治侵害といったところまで問題が発展した場合には、全単位会、連合会を網羅した「対策本部」型組織を設置する必要があるという議論はしていました。

大出　それでも自民党の「指針」では直接的な介入や弁護士法七二条の改変という話にはなりませんでしたね。

宮本　弁護士の偏在解消や隣接法律専門職との協力関係等についての問題までトーンダウンさせること

ができましたからね。法曹三者の協議については、国会の責任ということでの関与の主張はありましたけど。それも、日弁連が積極的に関与し、誤解にわたるような点についても含め、意見を述べる機会を確保したからできたことでしょう。

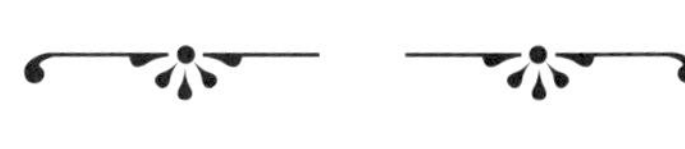

第4章

司法制度改革審議会への対応

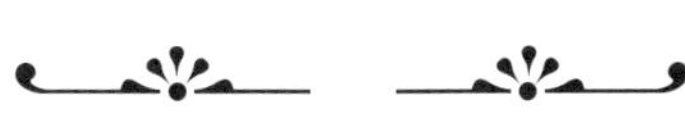

1　日弁連「基本的提言」

大出　自民党の司法特別調査会に関与したことでの、その他成果はどんなことがありましたか。

宮本　その他の点、具体的には、司法予算や裁判官等の増員、司法施設の充実、被疑者国選弁護制度、法律扶助の拡充、最高裁判事任命諮問委員会、判・検人事交流、法曹一元などですが、日弁連の主張について支持が得られた部分が多くて、法務省や最高裁に積極的な対応を迫る意見が目立ちましたね。ということで、あらためて日弁連としての司法改革の方向性を確認する「司法改革のヴィジョン」を作成することにしました。自民党以外の政党や財界、各種団体にも理解を求める必要があるとの判断だったのですけれど、結局完成は、大幅に遅れて一九九八年一一月になりましたけどね。

大出　ずれ込んだ理由はなんだったのですかね。

宮本　「指針」を受けて、設置が確実になった「司法制度審議会（仮称）」へ向けて、あらためて日弁連として「司法の全体像」を集約すべきだということになったからだと思います。推進センター内に作業グループを設けて原案の作成にあたり、八月末から各単位会等の意見を求めることにしました。

大出　その前提に、調査会が同年六月一六日に提出し、六月一八日に党議決定した「二一世紀の司法の確かな指針」についての評価があったと思いますが。

宮本　「指針」は基本的には、「方針」の方向がそのまま引き継がれたということですが、検討テーマを「国民に身近な司法」、「国民に利用しやすい司法」、「国民に分かりやすい司法」という三つの項目に整理し直し、テーマ相互の関連づけもして、全体としては分かりやすくしていました。ともかくも日弁連が司法改革の必要性を主張し始めて一〇年、ようやく政・財界を含めて、広く司法改革に関心が持たれることになったことについては、日弁連の努力が一つのきっかけになったことは間違いないですから、いよいよ本番でいかに日弁連の目指す改革を実現するかということが、現実的な課題になりました。だからこそ、それまでの議論を総括した「ヴィジョン」を示す必要があるということでした。自民党の「指針」の基本的スタンスは、相変わらず規制緩和論的視点から「国家的」「国際的」要請としての「透明なルールと自己責任」のための司法改革ということですから、日弁連が主張してきた「市民」と「人権」のための司法改革とは、考え方の基本で一致していませんでした。ですから、審議会（仮称）の設置を目前にして日弁連の立場を明確にする必要があるということでもありました。

大出　この時点での「指針」の改革案と日弁連の改革案の異同を分かりやすく示すことはできますか。

宮本　日弁連が一九九九年一一月一九日に「司法制度改革審議会」での審議の開始に合わせて作成した「司法改革実現に向けての基本的提言」の内容と「指針」を簡単に対比して私が作ったものがあるので、以下にあげておきます。

大出　どうでもいいですが、いつ「ヴィジョン」を「ビジョン」に変えたんですかね。

宮本　「指針」が出て、対外的に日弁連の改革案を主張する段になって、一般的な用語法に従ったということでしょう。

大出　この内容を端的に表現するとどうなりますか。

宮本　総論不一致、各論一致というところですかね。個々の改革要求では一致するところが多かったですから。いかに内実で市民の手に司法を取り戻す改革にするかということでした。ですから、八月の時点では、各単位会からの意見を集約して、自民党のみならず、与・野党および政府、財界、言論界、市民各層に働きかけて全面的な運動を展開していくつもりで、行動目標を設定していました。それと、設置されることになるであろう「司法制度審議会」、最終的に「改革」が入って「司法制度改革審議会」になりましたけれど、審議会で論点になるであろう課題について早急に会内討議を開始することにしました。

大出　繰り返しになりますが、その前提には、改革論議がどう転ぶかは分からないという情勢認識があったのだろうと思いますが。

自民党調査会提言（1998. 6 .16）	日弁連基本的提言（1999.11.19）
1．改革のスローガン	
○規制緩和社会に対応する司法	○市民の司法
2．改革の視点	
○自己責任原則のもとで事後救済のための司法の充実	○司法官僚制を打破し、市民による市民のための司法を実現
3．改革の項目	
○国民に分かりやすい司法	○市民による司法
・国民参加（陪審・参審）の論議	・陪審・参審の導入
・法教育のありかた	・　―――
・法曹一元制度の検討	・法曹一元制度の導入
○国民に身近な司法	○市民のための司法
・裁判官をはじめとする人的態勢の拡充	・裁判官、検察官の増員
・司法関係予算に格別の配慮	・司法予算の大幅増額
・法学教育のありかた	・　―――
・ロースクール方式の導入	・法曹養成について大学関係者と協議
○国民に利用しやすい司法	
・法律扶助の充実	・法律扶助の抜本的改革
・被疑者弁護制度	・被疑者弁護制度
・弁護士過疎の解消	・公設事務所と法律相談センター
・ワンストップサービス	・　―――
・隣接法律職種との間の協力関係	・隣接職種との間の協力関係
・民事執行の充実	・　―――
・知財関係訴訟充実	・知財関係の弁護士確保
・国際仲裁	・　―――
・　―――	・行政に対する司法審査の強化
	○弁護士の自己改革
・　―――	・弁護士人口増加
・　―――	・綱紀・懲戒の強化
・　―――	・弁護士倫理

宮本　そのとおりです。自民党の「指針」と「司法制度改革審議会」が、戦後どころか「明治以来の司法」の反動的再編成につながりかねないという危惧とその危惧からくる反対論も無視するわけにはいかないと考えていました。ですけど、日弁連が「反対」といって事態の進行が止まるとは思えませんし、ましてや「不参加」を表明したところで、日弁連が置き去りにされて事態が進むだけであることは眼に見えていました。反対論自体に聞くべき点もなかったわけではありませんが、反対論に共通していたのは、その意見を実現する行動提起ないし運動論がないということでしたね。国民大衆と共闘することで審議会の設置を阻止するといっても、その国民大衆とはだれで、共闘はどう組織するのか、どのような方法で阻止するのか、といった道筋が具体的に示されないとただの空威張りにしか聞こえません。

大出　私の認識では、今の司法をそのまま続けるのか、ということが大きかったですけどね。司法当局によって推し進められた反動化は、ほとんどこれ以上悪くはならないというところまできていて、各論的にあがっている課題を見る限り、どういじってみても、そのときより悪くなることはないという感じでしたけれどね。まあ、日弁連のそれまでの取組みがあったからかもしれませんけどね。

2　司法制度改革実現本部の設置

大出　いよいよ「司法制度改革審議会」をめぐっての攻防ということになりますね。

宮本　設置法案が、一九九九年二月五日に閣議決定されて、日弁連では、早々の二月一九日の理事会で、審議会への積極的対応と、そのための日弁連あげての体制作りということで、四月一日に司法改革推進センターを改組して司法制度改革実現本部を設置することを決めました。

大出　設置法の立案にあたっては、それなりの動きをされたのだと思いますが。

宮本　全政党に接触しました。ともかく、臨時司法制度調査会の轍を踏むことになることはなんとしても避ける必要がありましたからね。委員数を一三名に限定したのは、政治家が入ったり、法曹関係者が多数入ることを阻止する上では効果的でしたね。期限は、臨司と同様二年に限定したのがどうなるかと思いましたが、結果的には、集中的な審議になり、よかったですね。

大出　実は、私も、衆議院の法務委員会での設置法案の審議に参考人として出席して意見を述べることになりました。三月三〇日の午前中に、大阪大学の民事訴訟法専攻の池田辰夫教授と私の二人で、二人とも司法改革に積極的な立場からの意見表明でしたが、私からは、明治以来の歴史的経緯も踏まえて、市民にとっての利用可能性の拡大、司法官僚制の改革、法曹一元と法曹人口の増員、財政的基盤の強化の四点に絞った改革課題をあげた上で、改革について留意すべき点三点と審議会についての要望三点を述べました。前者では、自己責任を強調することで人権を軽視することがないようにすること、ルールは透明なだけでなく、公正なものにすること、国民参加を確保することです。後者については、人事の公正性、審議内容を全面的に公開し事務局の役割も明らかにすること、期限を切ることでの拙速審議の回避です。とくに後の二点は、臨司の轍を踏まないための要望でした。私の意見が、影響したとは必ずしも思いませんが、両院で全党の共同提案でつけられた附帯決議は、それなりに意味をもったのではないですか。

宮本　国会に持ち込まれるまでの司法改革をめぐる状況は、規制緩和的司法改革と市民のための司法改革という「同床異夢」といった状況で展開してきましたけれど、当時の国会情勢は、注意は必要ですが自民党的・財界的規制緩和的司法改革一辺倒になることはないし、復古主義的・反動的なものになるおそれも少ないだろうと考えていました。附帯決議は、その予想にそった内容になっていたと思います。司法権の独立への配慮、委員選任の公正性、事務局構成・運営への配慮、審議の公開、司法予算拡充への先行的配慮、それに改革課題として法曹一元、国民参加ないし関与、法曹の質・量の拡充などが、附帯決議とはいえ、両院で明確にされたのは心強かったですね。

■3 「審議会」の設置へ

大出　設置法が成立するのは、六月二日ですが、その時点での最高裁や法務省の雰囲気はどうでしたか。

宮本　最高裁は、審議会の設置が確実になってからも、ずっと反応が鈍かったですね。結局真意がつかめませんでした。「司法」を外からいじられたくないと思っていたのだと思います。それは、裁判所の職員の組合の反応も同じでしたね。

大出　所詮政治的な動きということで、迂闊に動いて巻き込まれたときのリスクを考えていたのですかね。法務省はどうでしたか。

宮本　最高裁に比べると前向きでしたね。国民世論というか、国会での議論や弁護士会の主張を聞いて、司法の現状に何らかの対応が必要だとの認識はあったように思いますね。

大出　ということは、設置法成立時点での情勢については、自民党調査会が動き始めたあたりからすれば、好転していたというか日弁連にとっては有利に動いていたとみていいですか。

宮本　そうですね。審議会と日弁連が適切に対応できれば、審議会の中で最高裁を孤立させ、最高裁の意に反する改革をまとめることも可能な状況があり、それを跳ね返す力は最高裁にはないだろうと思っていました。ということもあって、実現本部を立ち上げた時点では、審議会設置を睨んで、改革課題はもちろんですが、その位置づけ、提起の仕方、会内合意の形成へ向けての対応策、等々を具体的に検討していましたし、公式・非公式に内閣、法務省、最高裁、それに各政党、自民党だけでなく、公明党、民主党、共産党あたりに働きかけることもしていました。

大出　具体的に中心的相手は誰ですか。

宮本　内閣は、古川貞二郎官房副長官、法務省は、事務次官の松尾邦弘、官房長の但木敬一、最高裁は、事務総長の堀籠幸男、経理局長の竹崎博允、審議官の小池裕、といったあたりでしたね。

大出　それでまず、功を奏したのは。

宮本　設置法四条で、国会承認ということになっていた委員の人選ですね。ともかく、臨司の轍を踏まないように徹底しました。まず、国会議員を委員にしない。臨司では、衆議院議員四名、参議院議員三名が入っていました。つぎに、改革の俎上にのる法曹からの代表としての現職は入れない。結果として、最高裁、法務省、日弁連が一名ずつ元職を推薦。臨司では、裁判所、法務省、弁護士会の現職各三名でした。それから、幅広く各界からということで、学者五、財界二、労働界一、消費者関係一、文化人一ということになりました。臨司では、学者と財界だけでした。もう一つ、事務局を最高裁事務総局勤務者主体としないことです。最高裁、法務省、そのほか関係省庁からの出向者に日弁連からも二名が出て全部で一五名でした。臨司では、事務局員の大多数が最高裁からの出向で、事務局長役の幹事が、当時最高裁の司法制度調査室長だった矢口洪一氏でしたから。

大出 ところで、日弁連は、委員として中坊氏を推薦するわけですし、それしかなかったと思いますが、当時、整理回収機構（RCC）の社長でしたよね。すんなりいったのですか。

宮本 私と当時RCCの専務をやっていた尾崎純理氏が、引っ張り出し役で、RCCの社長室に説得に行きました。当初は、かなり強く拒んでいました。

大出 理由はどういうことだったのですか。

宮本 「俺は、司法制度のことはほとんど分からない」ということで、よく自分のことが分かっていましたね（笑）。しかし、中坊さんの突破力に期待してのことですから、なんとしても「うん」と言わせる必要がありましたから、「私が支えるから」と言いました。そうしたら、「本当に支えるか」というので、「もちろん」というようなやりとりをして、承諾してもらいました。それで、その経緯から、実現本部発足にあたって私が事務局長に指名されたのだと思います。

大出 日弁連としては、エース級を送り出したわけですが、さきほど話題になったように、最高裁、法務省はそこまでの気合いが入ってなかった感じですね。

宮本 そうですね。結果的にも中坊さんの相手ではなかったですね。

大出 六月一二日段階で人選が固まったという新聞報道がありましたが、国会承認は六月末でしたね。その他に運営についての折衝の成果としてはどんなことがありましたか。

宮本 官邸のＨＰに議事録・資料を全部登載させることにし、議事録では、発言者を顕名にすることも

司法制度改革審議会　委員名簿

	氏名	職名（意見書提出時）
会　長	佐藤（さとう） 幸治（こうじ）	京都大学名誉教授・近畿大学法学部教授
会長代理	竹下（たけした） 守夫（もりお）	一橋大学名誉教授・駿河台大学長
委　員	石井（いしい） 宏治（ひろじ）	(株)石井鐵工所代表取締役社長
委　員	井上（いのうえ） 正仁（まさひと）	東京大学法学部教授
委　員	北村（きたむら） 敬子（けいこ）	中央大学商学部長
委　員	曽野（その） 綾子（あやこ）	作　家
委　員	髙木（たかぎ） 剛（つよし）	日本労働組合総連合会副会長
委　員	鳥居（とりい） 泰彦（やすひこ）	慶應義塾大学学事顧問（前慶應義塾長）
委　員	中坊（なかぼう） 公平（こうへい）	弁護士
委　員	藤田（ふじた） 耕三（こうぞう）	弁護士（元広島高等裁判所長官）
委　員	水原（みずはら） 敏博（としひろ）	弁護士（元名古屋高等検察庁検事長）
委　員	山本（やまもと） 勝（まさる）	東京電力(株)取締役副社長
委　員	吉岡（よしおか） 初子（はつこ）	主婦連合会事務局長

実現しました。それから、審議内容のメディアへの公開もそうですね。ただ、公開は認めさせたのですが、当初審議会のために用意された会場は狭くて、傍聴席も記者席も作れないということが分かって、会場の見取り図を持って官邸の古川官房副長官のところに行きました。古川氏は、大学の同期ですので、このことに限らず私用ということにして、直接連絡して何度か会いに行きました。会場の件は、賛成してくれて、すぐに広い会場に変更する手配をしてくれました。審議会の事務局長は、自分の知らないうちに頭越しで新しい会場になったので、どういうことだと疑問を洩らしていたようですけれども、新しいところは、記者席が十分とれるうえ、隣に予備の部屋があって、そこをモニター室と称して、誰でもテレビ画像で審議会の様子を見ることができるようになりました。ついでにいえば、後日、壁際のスペースに一七六万名の市民の署名が天井まで積み上げてあるという「威力」を発揮しました。

大出　その他に古川氏と話したことがありますか。

宮本　審議会の会長に、誰がなるのか注視していましたが、報道では、まず竹下守夫氏の名前が出ましたが、最終的に佐藤幸治氏に決まったというような噂があって、日弁連内部でなんとかならないかという話になりました。佐藤氏が会長でやった行政改革委に対する批判が強かったからですけどね。それで、竹下氏にしてほしいと折衝に行きました。ところが、もう決まってしまったというのです。今から考えると、佐藤氏は終始よくやられたし、竹下氏は、どうにも最高裁の意向を代弁するということだったので、まったくの目算違いでしたね。

大出　その件では、中坊さんが事務局に乗り込んだという話を聞いたことがありますが。中坊さんが突然事務局に現れて、まだ審議会が開かれてもいないのに、会長が佐藤氏に決まったというのはどういうことだということだったようです。つまり、委員の互選のはずなのに、委員の意向を無視しているということです。それで、さんざん批判して、そのうち自分が会長に立候補すると言い出したみたいです。それで、最後には、自分が審議会の一回目で佐藤氏を推薦するというようなことを言って帰ったということでしたが。

宮本　中坊さんにまつわる話はきりがありません。支えるといって引っ張り出しましたから、審議会の開始へ向けて、私と、日弁連から事務局員に派遣されることになった丸島俊介、早野貴文の三人で、一週間に一度、法曹一元と陪審制度を中心に徹底的に中坊さんとの勉強会をしました。いざとなったときの吸収力はさすがで、後で、中坊さんの陪審制度についての議論を聞いた実現本部のメンバーが、いったいいつあれだけの蓄積をしたんだといって驚いていました。

大出　審議会が始まってからもいろいろあったんでしょうね。

宮本　日弁連というか実現本部と中坊さんとの見解の違いは、しばしば表面化しましたね。たとえば、日弁連が進めていたさっきちょっと触れた一〇〇万人署名について、「司法改革についての世論は、一三人の委員なんだ、署名運動なんて役に立たない」と言ってみたり。

審議会当日何人かの審議会委員と打ち合わせをしていたときに、延々と個人的な不満を話し続けるので、私が、「時間がないのでそろそろ審議会の打ち合わせをしないと」、といったら怒りだして、その場から出て行ってしまったことがあります。しばらくして、中坊さんの側近だった弁護士が来て、私に、悪いけど、中坊さんに一言謝ってくれ、と言うのです。「それは、筋が違うので、謝るとしたら中坊さんの方でしょう」、と言ったら、「今日の審議会には、俺は出ない」という伝言があって、仕方がないかと思っていたら、結果としては出ました。大阪の中坊さんに近い弁護士に、そういう話をしたら、「私にも審議会の委員を辞めるといってくる」というのです。それで、「ほーか。ホナラ辞めなはれ」と言って、「あとは誰がいいかなあ」と言ったら、中坊さんが、「やっぱり俺でないとだめだろう」と言ったというのです。

第3部

司法制度改革の経緯

第3部には、第2部第3章以下で言及してきた司法制度改革の経緯について宮本が執筆した二論文を収録している。第1章は、「司法制度改革の史的検討序説」として、東京経済大学現代法学部紀要「現代法学」一〇号（二〇〇五年一一月一〇日）五九～八八頁に掲載された論文。第2章は、「司法制度改革の立法過程」として同前「現代法学」一二号（二〇〇七年一月三一日）三九～八〇頁に掲載された論文である。

第1章の宮本論文の扱う司法制度改革の経緯は、第2部第3章の後半以降で言及している経緯と時期的には概ね重なっており、内容的に重複している部分も多い。しかし、相互に補完関係にある部分も多く、あえてそのまま収録することにした。

（大出良知）

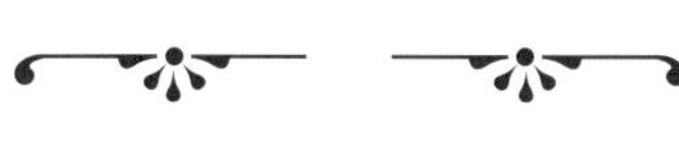

第1章　司法制度改革の史的検討序説

序にかえて

今次司法制度改革は二〇〇四年一五九回通常国会と、これに引きつづく一六一回臨時国会でほぼその立法作業を終え、それぞれの新たな制度運用が始まり、あるいは始まろうとしている。

この司法制度改革とは何だったのか。第二次大戦後の、いわゆる戦後改革を除けば、他に類例を見ないほどに広い範囲にわたり、かつ規模の大きい改革が、いまこの時期に実現したのはなぜなのか。

これら、今次司法制度改革の基本的な位置づけについて総括をするにはまだもう少し時間が必要だと考えられる。筆者は、とりあえず前稿（「現代法学」九号）で裁判官制度改革過程の検討を試みたところである。そこで本稿では、司法制度改革の時間的な経過の中で特記しておく必要があると思われる事柄についての認識を整理しておくこととする。

私はこの間一貫して日本弁護士連合会の中で司法制度改革の活動に従事してきたので、弁護士あるいは弁護士会としての評価に傾くところが多いことをお断りしておく（なお文中原則として敬称を省略した）。

1　司法制度改革のはじまり

(1)　司法改革は司法をめぐる閉塞状況の中からそのアンチテーゼとして、その矛盾の解決のために出てきた[1]。

司法の閉塞状況ということには二つの側面がある。

第一に、わが国司法が病理現象を呈していることである。それは一つには、いわゆる司法の危機以来の司法官僚統制と訴訟促進策の徹底の結果であり、二つ目にはそれに伴う司法内部の密室性の強化と不透明性の強化の結果である。

若い裁判官の間に見られる無気力現象、正解志向で自分自身で考えようとしない裁判官、稀有とは言い切れなくなった裁判官の犯罪、裁判官の自殺、裁判官の職場放棄などがそれを物語っている[2]。

第二に、これに対する国民の側とその意思を代弁すべき弁護士層は自分自身の手で司法の病理の進行に歯止めをかけることができないまま、これに対して批判と反対を繰り返しつつも、出口の見つからない虚しさをかこってきた。そして、何を言っても無駄なのだという無力感と、その反面として「最高裁を相手にしない」[3]という強がりが、国民の中での司法に対する反応のパターンになっていた。こうして一九七〇年から一九九〇年に至る二〇年の間司法の状況は一歩も進まなかった。[4]

閉塞状況の第一の側面としての司法の病理的現象の深刻さに直面して、最高裁判所自身、当面の対処とともに制度の一定の手直しに動き出すところとなった。

訴訟迅速より審理の適正への転換[5]、裁判官純粋培養是正のための行政・民間派遣策と弁護士任官推進の新しい枠組み、キャリア裁判官制度と矛盾しかねない陪審制度調査着手、などを打ち出すのは、この二〇年間にわたり自ら司法政策を担ってきた矢口最高裁長官(当時)の役割となった。

このような官製の「改革」に対して、市民の立場からの真の司法改革を対置し、司法の閉塞状況の第二の側面、すなわち市民、弁護士層の無力感をとり払い市民の手で司法を変えていくことを提唱し、実践し始めたのが日本弁護士連合会(日弁連)の司法改革である。一九九〇年五月の司法改革宣言は司法改革を市民に開かれた司法と位置づけ、司法官僚制を打破し司法官僚制に代わる司法の担い手として法曹一元制と国民の参加つまり陪審制の導入を掲げた。一九九一年五月の第二次司法改革宣言は、これらに加えて弁護士と弁護士会のあり方の再点検(自己改革)を提起し、司法改革運動をこれまでになかった形のものとして定式化した。[6]

(2) 日弁連の意思表明は、従来、最高裁との対抗関係を生むか、場合によってはどこからの反応も生じない（犬の遠吠え）という結果に終るのが例であったが、司法改革宣言は、財界・政界・行政そして政府と、個別のあるいは連鎖した反応が現れたことに、一つの特徴を見出すことができる。

そして、それがなぜなのか、およびこれら相互の考え方と改革エネルギーとの相関関係をどう見るかが、今次の司法制度改革の歴史認識と性格規定にも大きく関わってくると思われる。

まず、経済同友会は一九九四年六月「現代日本の病理と処方」（以下「病理と処方」）を発表した。この文書が司法について触れている部分は、それほど多くはないが、それでも司法は財界団体によってはじめて社会病理として指摘された。

「病理と処方」は、司法が国民から遠い存在となっており国民の役に立っていないとして、とくに裁判については「市民感覚とかけ離れた判断」を挙げ、法曹人口の増加と、その中での裁判官の増員と法曹養成制度の改革を求めていた。些か唐突な感じでこの時期に、財界としてはおそらくこのような形ではじめて司法の問題をとりあげたこの文書は、おそらく日弁連の司法改革宣言とこれにつながる動きに触発されたと考えられる。

その後も財界から司法に対する発言は、一九九七年一月同友会「グローバル化に対応する企業体制の整備を目指して」、一九九八年五月経済団体連合会（経団連）「司法改革についての意見」とつづくが、いずれも「病理と処方」を補完するものであっても、これを越えるものではない。

自由民主党の司法制度特別調査会は一九九七年八月「司法制度の充実を目指して」、同年一一月「司法制度改革の基本的な方針――透明なルールと自己責任の社会へ向けて」を出してきたが、これらをまとめて一九九八年六月同調査会報告書「21世紀司法の確かな指針」を発表し、これが党議決定された。

法務省は検察官の慢性的かつ深刻な不足に悩んでいて、司法試験合格者の増加と特別優遇枠の提案は検察官不足の是正の一環であったから、法曹人口の増加や、裁判官・検察官増員の限りでは司法制度改革に賛成だったが、その他の分野には関心がなく、とりわけ司法制度改革が自己の領域である刑事司法にまで及んでくることを警戒していた。

最高裁は前記の事情から一定の改革は必要と考えていたが、それは基本的には自分の手でやるべきことであり、外から「手を突っ込まれる」ことではないという認識であった。改革が必要だとすれば、それは主として弁護士（会）の側にあり、したがって、司法制度改革の重点はそこにある、と考えていた。(7)

(3)　司法制度改革についてこの時期にとにもかくにも政（自民党）、財、官（法務省）、裁判所、弁護士会のいずれもが口にすることとなったが、それぞれの考えている改革の意味するところについては一致していたとはいえない。改革の主たる対象が裁判所か弁護士会か、ということにとどまらない、改革の理念そのものについて大きな対立があった。

経済同友会の「病理と処方」の方向は、政治・経済の国際化と規制緩和の進行の中での司法の役割を意識し、かつ司法制度自体も規制緩和の観点から作り変えようとするもので、いわば「規制緩和型司法改革」というべきものであり、他の財界団体のいうところも同じである。後に出る自民党司法制度特別調査会報告も、明らかにこの立場に依拠していた。自民党としてはむしろ財界の主張している方向と一致しているものであるからこそ、踏み出すことができたと言って良い。

そして、事前規制型から事後救済型への社会構造の変革、自由競争と自己責任という勝者の論理を貫徹する中で、圧倒的な敗者の不満を紛争解決機能の強化で吸収すると言う新自由主義的発想に基礎づけられている。「大きな司法」というのもそこからくるので、紛争の多発がいま深刻だと言うのではなく、将来その事態が予想できるから対応策をとっておこうというのであるから、裁判官何名の増員が必要であるとも司法予算の幾何の増額が必要であるとも具体的な要求があるわけではない。

党議となった自民党調査会報告においてもなお抽象的に「司法関係の予算について格別な配慮が必要である」というに止まっているのもそのためである。

これに対して日弁連等の掲げるのは、司法を国民の側に取り戻すことであり、市民に身近な、市民に役に立つ司法を確立することであって、これを「市民の司法型司法改革」ということができる。

その立場では、現に司法の救済を必要としている多くの国民がこれを得られないでおり、訴訟の遅延、審理の不十分、経済的負担の過大等のために実質的な権利実現を得られないでいる、それを解消するための「大きな司法」であり、裁判官の増員であり、「司法官僚制の打破」なのである。

日弁連は、司法改革宣言のあと、一九九一年一一月、日弁連司法改革組織検討委員会の答申書「司法改革とその展望」が①裁判と裁判制度の改革、②弁護士および弁護士会の改革、③法制度の改革、の三分野にわけて司法改革の課題を網羅するとともに当面の課題として七つの課題を掲げた。

また一九九五年六月司法改革推進本部の「司法改革全体構想案」が、具体的に司法制度改革についての日弁連の姿勢を示し、二〇〇〇年までの到達目標として法律扶助法成立等の一八項目を挙げた。

しかし、これらは日弁連の考えかたを示すものではあったが、形式上は日弁連内部での答申書や討議資料であるので、[(8)]日弁連が公式にその司法制度改革に関する見解を示すのは一九九八年一一月「司法改革ビジョン――市民に身近で信頼される司法をめざして」および一九九九年一一月「司法改革実現に向けての基本的提言」によってであり、とくにその後者において「市民による司法」としての法曹一元と陪審制、および「市民のための司法」としての諸改革、それらの全体を包括する「市民の司法」の実現を掲げた(9)。

さらに一九九九年一二月、日弁連会長小堀樹による審議会でのプレゼンテーションがある(10)。

同じく司法改革を掲げながら、それが同床異夢であるということは始めから意識されていた。日弁連が規制緩和型の司法制度改革に乗ぜられたという批判は当時から、そして現在もあるが、同床異夢の意識を持ちながら尚かつ司法制度改革の流れに乗っていくのが正しいと決断したというのが実相である。

2 自民党特別調査会の経過とその評価

(1) 自民党特別調査会の動きと、これが取りまとめた意見書がその後の司法制度改革の進展と方向性に大きな影響を及ぼしたことは否定できない。そこで、調査会の動きを検討する。

自民党の特別調査会は司法制度改革の推進のために設けられたものと世上喧伝されているが実はそうとも言い切れない。

もともと同調査会は一九九七年六月の発足当初から、弁護士自治の見直しとともに次の三項目を中心的なテーマとして論議を開始したのである。

① 法曹三者協議のあり方の見直し

② 法曹三者協議に関する二回にわたる国会決議の見直し
③ 法制審議会のあり方の見直し

これより前、司法試験合格者の増加と合格者枠制度（いわゆる丙案問題）をめぐって法曹三者協議（最高裁・法務省・日弁連の協議）が延々とつづいて一向にまとまらないという事態があった。他方、民事訴訟法改正について、日弁連の徹底した反対によって法制審議会の結論が出ないという事態があって、自民党内には「われわれ（つまり国会議員）が決めることをなぜ法曹三者に口出しさせなければならないのか」という苛立ちがあった。上記②の国会決議とは司法制度に関する法律案を出すときは法曹三者の意見の一致を前提とすべきである、という決議であって[11]政府与党の手足を縛っているこの決議を廃止しようという目算だったのである。

調査会はこれらテーマの検討のために最高裁、法務省と日弁連に対して同調査会への出席を求めてきており、日弁連と各単位会は同調査会が弁護士制度に焦点を当てていることに大きな危機感を表明したが、後に述べる経過からこれに応じることとした。その際に司法改革に関する検討要請として次の六項目を提起したのである。[12]

① 司法予算の拡大
② 裁判官・検察官の増員
③ 被疑者国選弁護制度の設置
④ 法律扶助の拡大
⑤ 法律相談センターの増設

⑥　法曹人口の漸次的拡大

調査会の上記一九九七年八月の「司法制度の充実をめざして」は、日弁連の提起の①、②、④を取り入れて、①裁判官・検察官の大幅増員、②法律扶助の拡大、③司法関係施設の拡充整備、の三項目を提案したものである。自民党の調査会はこの時に、司法制度改革の取組課題をはじめて提起したのである。

さて、日弁連にとって自民党司法制度特別調査会への出席要請に対してどう対応すべきかは、難しい問題を含んでいた。

前記のとおりこの出席要請は、法曹三者協議のあり方と法制審議会のあり方の調査に関するもので、司法制度改革の課題に直接関わりのある場面ではないものであるが、日弁連に苦しい選択を迫ることとなった。

日弁連は公正で中立的な立場を維持する立場から従来から政治的な動きをすることと、政治的な色彩のあるものへの関与を厳しく避けてきた。その立場から、過去に最高裁事務総局幹部が自民党の会合に出席したことを非難してもいた。

自民党は政権政党であるとはいえ一政党であるにすぎず、しかも司法制度特別調査会は自民党執行部というのではなく、その政務調査会内に何十とある組織の一つにすぎない。日弁連はこのような場に一度も出たことはない。

しかし、出席を拒否した場合には、最高裁と法務省は当然出席するであろうから、法曹三者協議の重要性やそこでの全会一致の必要性について日弁連の立場を述べる機会がないままに、その廃止を含む改革案が取りまとめられることは目に見えていた。もともとこの提案は日弁連が法曹三者協議あるいは法制審議会を通じて主張を展開するのを抑えようという意図で出されてきているものであるのは前記のとおりであるから、出席しなければしないのを幸い「出席を求めたが出席しないのでとくに異論はないのであろうと思った」という断り書き付きで通してしまうだろうことは容易に看取された。

日弁連の司法改革推進センターは、これについて①調査会には積極的に対応する、②日弁連の側からむしろ具体的に当面の司法改革提言をしていく、の二つの方針を提起し、これを受けて日弁連執行部は①調査会には執行部から会長も副会長も出席しないが、事務総長が出席する、しかし積極的に発言はしない、意見にわたる部分については司法改革推進センターからの出席者がその立場で述べる。②法曹三者協議や法制審議会の存続の重要性について主張を展開するとともに当面の司法改革における重要事項について日弁連側から積極的に六項目の提案をする、という方針を決めた。

この六項目がさきに示したのものであって、いわば他人がAの議題でやる会議に出てくれと言われて不承不承出ていく代わりに、Bの議題でやる方がいいよと言うのに等しいものであったが、このときの日弁連の判断はきわめて正しかった。実にそのことによって司法制度改革の端緒をつかんだと言えるからである[13]。

実際に同年八月の段階では法曹三者協議等の問題は後景に退き、①裁判官・検察官の大幅増員②法律扶助の拡大③司法関連施設の拡充整備の三点が重点項目に取り上げられたのである。

日弁連の提案に加えて、上記の①、③は財界の要求とも客観的には一致していること、②については日本の現状が劣悪で、世界最低の水準であることが指摘され、韓国でさえ（でさえというのは不適切な部分があるが、自民党国会議員をいたく刺激したのは事実である）わが国の二倍であるということが重視されたこと、がその背景にあると考えられる。

そして調査会は一九九七年一一月まで三ヶ月間の各界からの意見聴取と自由討議の結果を一一月一一日「司法のあり方に関する基本方針案」で三〇項目に整理し、これに知的財産紛争処理と陪審制導入を加えた三二項目を二つの分科会でインフラ整備と制度改革に分けて審議したうえ一九九八年半ばまでに提言にまとめること、あわせて司法改革に関する新たな機関を設置することまでも打ち出した。

これら三〇項目の中には一九九一年一一月に日弁連の司法改革組織検討委員会が取りまとめた前記の司法制度改革提案(14)が相当数盛り込まれていたが、日弁連も要求していないもの、検討すらしていないもの、が多数含まれており、司法制度改革に関する機関設置も含めて、このような自民党調査会の急展開に乗っていくかどうかが、日弁連として次の重大な選択となった。

日弁連は一九九七年一二月、司法改革推進センターにおいて激しい論議の末自民党調査会の審議についての基本的な対応方針をきめた。それは「日弁連が提唱してきた司法改革の理念に照らしてこれと方向を同じくするものかどうかを判断して対応する」というものであった。つまり自民党調査会の審議に反対し、あるいはボイコットするという姿勢を示すものではないが、しかし全面的にその方向を支持するのではない。司法制度改革についての判断と行動の主体性を日弁連の側に置こうとするものである。

そして、執行部のもとに課題別に一三のプロジェクトチームを編制して調査会のすべて検討項目に対応することとし、一九九八年二月一三日から始まって週一回のペースで開かれる二つの分科会にはそのすべてに参加して日弁連の意見を採用するように働きかけることとなった。

働きかけをしたのはもちろん日弁連だけではなく、財界団体も常時出席してその主張を展開して働きかけを行ったし、最高裁や法務省もその立場から、また司法書士、弁理士などの業界団体や関連団体も議題に応じて、それぞれに意見と資料を提出したので分科会出席者が部外者だけで数十名に上ることがあった。

(2) 同調査会は以上の審議の結果、一九九八年六月一六日「21世紀司法の確かな指針」と題する報告書を発表した。

報告書は「司法改革の視点」として、国際化が急速に進展する中で「透明なルールと自己責任の理念」が必要であるとし、自己責任の原則に貫かれた事後監視・救済型の社会への転換を図るために司法の機能の充実強化が必要だと位置づけた。そのうえで、国民に身近な司法、利用しやすい司法、分かりやすい司法、さらには世界に貢献する司法と項を分けて、各種改革課題に言及しており、とりわけ「十分な数の法曹」「裁判所の人的態勢の充実」「ロースクール方式の導入」「被疑者国選をふくむ刑事弁護制度」「行政に対する司法審査手続」「司法への国民参加のありかた（陪審・参審等）」「法曹一元」についても検討課題としてあげているのが注目された。法律扶助制度の充実強化については「きわめて重要かつ喫緊な政策課題である」と特別に指摘していた。

そして、政府に対する提言として、司法制度審議会（仮称）の設置と、司法予算に対する特別の配慮の二点を掲げていた。

市民の司法改革の立場と自民党調査会報告書あるいは同友会・経団連の見解に示された規制緩和的司法制度改革の立場を大まかに対比すると次のとおりである。

① 市民の司法改革の立場が市民のための司法を一つの大きな柱として掲げるのに対して調査会意見書は国民に身近な司法を掲げている。その小項目として前者が「市民に役立つ」「アクセス」などを挙げるのに対して自民党等が「国民に利用しやすい」「国民に分かりやすい」と言っているところは同じである。ただし、財界団体は「企業の権利実現に役立つ」ことを求めており、これは「市民に役立つ」ことを求めているとは思われない。

予算の拡大、裁判官の増員に対して、同じように大きな司法、裁判官の増員を言うのは、調査会意見書も財界も同じである。財界が裁判官増員のための予算、というのもほぼ同じであろう。

② 市民の司法の立場から市民による司法をもう一つの大きな柱とし、そのために法曹一元と陪審制を提言しているのに対して、その観点からの提起はない。ただし調査会意見書が法曹一元と陪審・参審を検討項目として挙げていることは上記のとおりであり、とくに経団連は法曹一元の実現を明確に求めている(15)。

③ 市民の司法の対立物としての司法官僚制の打破を掲げているのに対し、その観点からの提起はない。ただ、財界の意見でも、いまの裁判官は役に立たない、とは言っている。そして裁判官の補助のために参審制を導入せよ、というのである。

これらを要するに、調査会意見書等は規制緩和型社会での自由な活動(強者の自由)を前提にルール違反と紛争に対する事後チェックおよび調整機能を司法の役割と位置づけており、紛争の早い解決に当たって、現状が時間がかかりすぎ人手が少なすぎるという点が、人権の侵害に対して適正な審理をしたうえで迅速な救済を、という市民の要求と出発点ではまったく異なるが、結果として一致するところがある。その他具体的な改革項目を日弁連の要求（後に基本的提言としてまとめられたもの）と対比すると一致するところが相当にあるのは確かである（別表［一一八頁参照］にその異同をまとめた）。

改革への基本的欲求は異なっており、同床異夢であることには変わりはないが、個別には一致するところが多い。つまり総論不一致、各論一致、というところである。

(3)　日弁連の司法改革推進センターは一九九八年七月、自民党調査会意見書とこれによって具体化されようとしている司法制度改革についての見解を「自民党の司法制度改革への対応の基本方針についての試案」にまとめている。

その概要は次のとおりである。

今回の司法制度改革は、第一に規制緩和政策に基づく国家改造計画の一つとしての司法の再編成である。二番目に外国からの規制緩和要求に応じた司法の国際基準への適合を目標にする司法再編成である。三番目に企業の経済活動に重点をおいて、それに都合よく司法を整備しようとするものである。四番目に今回の自民党の司法制度改革は、政治と経済から司法に対するかつて例を見ない本格的な介入発言である。五番目に今回の改革の主要な目標が弁護士制度の改変であり、これに大きな焦点が当てられている。六番目に政府に審議会を置く構想は第二臨司ないしは行革委の司法版を目指している。

しかし他方、第一に司法改革の要求について客観的に一致する部分のあることは上記のとおりであるほか、第二に日弁連が司法改革の旗を掲げ続け、司法の現状を訴え続けてきたことが司法制度改革の現在の動きの発火点となり、調査会意見のような急速な展開のきっかけとなったことを率直に認識すべきであろう。

そして第三に透明なルールと自己責任などという言葉を操りながらも、日弁連＝市民の年来の主張である上記の諸項目、ことに法曹一元や陪審・参審をも検討項目に載せるに至ったのは、市民的司法改革の声を自民党も考慮しないわけにいかないところであることを示していると考えられる。

第四に、政府に司法制度審議会を設置させることは、政権与党のみが能くすることであって、日弁連が要求するからといって、あるいは大衆的行動で求めたからと言ってなかなか実現できるものではない。このチャンスは千載一遇のものとして、利用するに値する。

したがって上記「基本方針についての試案」が次のような行動提起をしているのは、正当であった、と考えられる。

すなわち、このような方向に対して断固阻止とか、あるいは審議会ボイコットといった姿勢はとらない、勿論、全面支持はしないし、情勢に寄り掛かっていくという姿勢もとらない、政府自民党の今後の動きに重大な関心と警戒を払いながらも、「日弁連の司法改革」を推進する重要な機会として捉えて行動しようという態度である。

その上で第一に自民党の改革提言については日弁連の主体的な立場と基準にもとづいて個別に態度を明確にする。いずれか一方に画一的な対応はしない。第二に司法制度審議会には参加する。組織と運営の公正を期することを前提として参加した上で、司法改革が正しく実現するように全力をもって働きかける。第三に、このような司法制度審議会での検討の開始に向けて、日弁連がどのような司法改革を求めているかを会内会外に明確にするために、日弁連としての司法ビジョン（司法の全体像）を提示しよう。

この行動提起が日弁連の方針となり、日弁連はこの方針に従って司法制度改革に臨むこととなった。

(4) 自民党の調査会意見書がなぜこのような内容で構成され、かつこの時期に出てきたのか。この点についてはこれまでにも随時触れてきたところであるが、この際箇条書風に整理しておこう。

① 「病理と処方」に代表される財界の規制緩和型司法制度改革の提案が、グローバリゼーションという名のアメリカの新自由主義的要求を背景に持つものであり、その受入れが意見書の骨格をなしたことは疑いがない。

小泉政権の政治日程のうえでも行政改革、経済改革、政治改革に引きつづく最後の改革として弱肉強食の社会の後始末の役割を担うべき司法改革は登場の必要があった。

② しかし、自民党内には、司法制度改革のマスタープランを描ける力量を持つ人物がいたとは考えられない。

政党が独自に政策立案能力を持っていないのはこの場合に限ったことではないので、そのような場合は行政官僚に頼るのであるが、司法制度に関しては前記のとおり法務省は検察官増員とそのための司法試験制度改革以外には関心がなく、最高裁はそれに輪をかけていまの司法には少なくとも制度の上で変えるべきものは何もないという立場であるから、頼りようもない状態である。

かと言って「病理と処方」も具体的なところでは法曹の増員と法曹資格の緩和程度以上のことは提案できないので参考にも出来ない。

③　したがって日弁連が提起する司法制度改革の諸多の項目が、その基本精神はともかくとして、調査会意見書の具体的内容をなすものとして入っていく余地を生じたのである。

また、この段階で国民各層にある司法への不満や不信の声が、日弁連の意見と共鳴しつつ反映されるところがあった。各議員の体験や見聞（選挙違反事件における裁判官の威圧的態度、など）もまた、その一部をなすものであろう。

ただ、日弁連の改革意見が調査会意見書の内容として取り入れられていたと言ってもそのまままいわば丸呑みされたというわけではない。意見書作成段階で自民党としての選別はあり、たとえば「陪審」は、当初案には入っていなかった。これは日弁連の強力な主張によって「陪審・参審」という形で入ったのである。その他にも調査会意見書に盛り込ませたい項目については説得的な根拠や資料を提出する努力をしている。

3　司法制度改革審議会の活動

(1)　一九九八年六月の調査会意見書の自民党党議決定によって司法制度改革とそのための司法制度審議会（仮称）設置は俄かに現実のものとなった。

そこで第一に、この司法制度審議会の性格規定、すなわち第二臨司つまり臨時司法制度調査会（以下、「臨司」）の再現ではないか、ということと、第二に司法制度審議会への対応、すなわち設置反対の行動に出るべきか、審議に協力しないで経過を見守るべきか、審議に積極的に関わっていくべきか、ということ、が問題となったことは前記のとおりである。

調査会意見書は「司法制度審議会（仮称）」について次のような性格づけを与えている。

① 21世紀の司法の全体像の構築

② 明治以来の司法についての抜本的な検討

③ 国民各層の意見を幅広く汲み上げて議論する場（この「国民各層」からは法曹三者は言外に除外されている）

④ 政府機関として設置される

これらから見て、審議会が第二臨司、すなわち司法の反動的再編の機関として構成される可能性は、たしかにあったといえるであろう。

財界等から提起された司法制度の問題点や司法の「病理」というものが、イデオロギー的な対立感情や個々の裁判への反感に出るものでなく、すぐれて実利的なものであったことや、政府、与党にとっては現在の裁判官の判決行動が全体として是認し得る範囲、というよりむしろ歓迎すべき傾向であったのであるから、反動的な方向での司法の組み直しや締め付けの必要性は感じていなかったというのが実相であろう。しかし、保守的政治権力が戦後保守政治の持続の基盤を固めるために「21世紀司法の全体像」や「抜本的な検討」を真剣に考えるとすれば、いまこの時期に反動的な再編成に手をつけておくことが有益であったかもしれないのである。

こうして政府・与党は第二臨司に向かう可能性を有していたのであろうが、性格づけもさることながら第二臨司にしないためにどうしたらいいかという主体的発想が重要であり、その立場からは当然に、審議会にも国民が主体的に関わって真の意味の司法制度改革の実現を目指すことが必要である。日弁連はその立場に立って、第二臨司にさせないために審議会には積極的に関わっていくという態度を決めていた。

(2) 司法制度改革審議会設置は、その後参議院選挙とこれに伴う政治情勢の激変に伴って日程が遅れ、年を越した。政府・与党、野党、法務省、最高裁、日弁連、等の間にこの間相互に意見が交わされ、とくに日弁連が改革に積極的に参加する意向を表明しつつ、そのためには臨司の再現とならないようにすべきであることを強く働きかけて、司法制度審議会の構成と運営において第二臨司色を払拭することを図った。

まず、司法制度改革審議会の構成を見よう。臨司と司法制度改革審議会（これが正式名称となった。以下、「審議会」という）とを対照しつつその構成を示せば次のとおりである。

① 委員から国会議員を排除した。臨司は衆議院から四名、参議院から三名を委員としていたが、国会議員を参加させないことによって司法制度が政治的に動かされる可能性が生じないようにした。

② 委員から現職の法曹三者を排除した。臨司は現職の最高裁判事を含む裁判官三名、現職の検事総長を含む検察官三名、弁護士三名を委員としたが、審議会は現職者が選出母体の意を受けて利益代表として動くことを警戒したのである。[16]

③ 事務職員についても臨司では多数の最高裁事務総局勤務者が兼任のうえ出向したが、審議会事務局には各関係部署から相応の担当職員を出した（日弁連からも二名）。[17] もちろん、最高裁、その他特

定の省庁の主導で審議会がまとめられることがないようにするためである。

④　各界から委員が選出された。臨司では学者を除くと財界から二名の委員が出ただけであったが、審議会委員は、学者を除いて財界（二名）、労働団体、消費者団体、文化人（作家）、とある程度拡がった。

法曹三者はOBそれぞれ一名が当てられた。

⑤　事務局は、臨司では前記のとおり事実上最高裁事務総局で所管し、最高裁制度調査室長の矢口洪一が幹事としてこれを掌握したが、審議会事務局長には最高検検事の樋渡利秋が、内閣に出向のうえ就任した。

審議会の運営については、審議がそれ自体国民に開かれ透明性を確保したものとなるようにさまざまな努力が行われた。臨司はその議事がまったく非公開・不透明であったのでこれと対照して見る余地がないので差異は歴然としている。

①　委員のそれぞれの発言を氏名明記で記載（顕名）した議事録を作りこれを公開し、首相官邸のホームページにも載せることとなった[18]。委員の中には、発言が知られるのでは自由な論議ができないという、いつも登場する理由による強固な反対もあったが、多数でこれを押し切ってのことであった。

②　議事の一般公開は、そのスペースがないという理由で実現しなかったが、報道機関への公開は実現した。

審議会の終了の都度、必ず記者会見を開いて議論の状況を説明することとなったが、そこで触れられなかったことでも、記者が見聞したことは報道できることとなったわけである。

③　より多くの記者の便宜のために会議場と別に一室が確保され、そこにモニターテレビを置いて議事の模様をリアルタイムで流すこととなった。

④　前記ホームページには審議会で作成、配布、入手したすべての資料を公開することとなった。委員会に市民から寄せられた意見、委員やその発言に対する批判の投書の類も公開される資料に含まれている。曾野綾子委員が欠席がちであったところから辞任を求める投書が殺到したことがあり、これらも公開された。

このようにして審議会の透明性はかなりの程度に確保され、これに伴って市民の環視の中での司法制度改革の論議の実質を保証する道がひらかれることになった。

これらは司法制度改革の枠組の質を高め、意見書の質を高めることにも役立ったと考えられる。臨司のような唐突な形での結論の出しかたを封ずる手立てはこれによって取られたと言える。

(3)　審議会は一九九九年六月、司法制度改革審議会設置法成立の後、直ちに設立準備室が準備作業を開始し、一方委員の人選が行われて同年七月から二年間の設置期間をもって発足した。

①　法曹三者推薦のOB委員は、最高裁が藤田耕三（元広島高裁長官）、法務省が水原敏博（元名古屋高検検事長）、日弁連が中坊公平（元日弁連会長）である。中坊公平は現に弁護士でもあったが、住管機構社長からの転身である。法務省は中坊に強い難色を示したが、日弁連は内閣府に対して他に代替しうる者はないと強力に主張した。日弁連の実質的な推薦によって実現したのは中坊の外は消費者代表のみである。

② 委員人選については率直に言って期待外れ、というべきものであろう。自民党調査委員会意見書のいう「国民各層の意見を幅広く」を額面どおりに受取るものではないにしても、学者が五人は多過ぎる（臨司の時は二人）し、財界から二人というのも均衡を失している。超保守で孤高を保つ作家を除けば「国民各層」からと言えるのは連合の髙木剛、主婦連の吉岡初子、くらいしかいない。ただ、財界の推薦した二人がいわゆる大物財界人でなかった（臨司の時は今里廣記と阪田恭二）のは意外であった。

③ 会長は、はじめから佐藤幸治か竹下守夫かといわれており、佐藤が会長、竹下が会長代理となった。

佐藤は行革会議の答申のまとめ役で危ういとされ竹下が無難かと言われたが、現実にはその後の二年間、佐藤は改革前進の牽引力となり、竹下は常に最高裁の意向に配慮し、改革を抑える役割を果たし続けた。

審議会は二〇〇一年六月に二年間の審議の結果を意見書にまとめた。意見書についての評価は、別の機会としたいが、審議会過程での注目すべき事実をいくつか指摘しておくこととしよう。

① 国民が司法に参加して行く道を拓くことが、「市民の司法」を目指す立場からの眼目であった。端的には陪審制の実現である。しかし、職業裁判官が独占し続けている司法の世界に国民が関与することを新たに制度化するのは至難であり、それが客観的な現実である。日弁連は陪審実現を掲げてはいたが、（i）まずは、陪審制、（ii）そうでなければ参審制、（iii）止むを得なければ検察審査会の

強化（起訴陪審的役割）、と考えていたし、最高裁は評決権なき参審制（参審員の意見を参考にする）以外はすべて憲法違反であると主張しつづけていた[19]。

「日本の刑事裁判は絶望的である」と看破した平野龍一教授もこれを救う方法として参審を提唱していたし[20]、三〇年以上にわたって国民の司法参加を説いていた利谷信義教授も「とりあえず参審から」と言っていた[21]。

審議会では陪審導入の確固たる主張をつづけるのは、僅か数名の委員だけで、中坊が「いつ採決しても否決される」と言っていたとおりであった。この状況は、井上正仁委員が裁判員制度という、陪審と参審の中間案のような提案[22]をすることによって打開され、また、検察審査会の強化も、これと別個に実現するに至ったのである。

② 法曹一元は、日弁連が、陪審制とともに司法改革の二本柱に挙げていた課題である。「法曹一元」は二〇〇〇年八月の集中討議の結果、その言葉を使わないものとされた[23]。これをもって、最高裁は、法曹一元は葬られたとしており、日弁連は「法曹一元」という言葉を用いないだけで法曹一元が否定されたのではない、としている。審議会は法曹一元の必要性が叫ばれるような裁判官状況を、（i）裁判官の給源（ii）裁判官の任用（iii）裁判官の人事の各面にわたって実質の上で改革することを求めた。（i）については弁護士任官の推進、判事補の弁護士等経験、特例判事補の段階的廃止、（ii）は、裁判官任用にあたっての第三者機関設置、不任用についての告知、理由説明、（iii）は裁判官人事制度の改革である[24]。

最高裁はこれらの課題を負わされることになった。そのことを通して裁判官制度改革は相当の前進を見せるとともに、いわゆる法曹一元の実現へのいくつかの手がかりを得ることになったと言えよう。
③　国民の権利の実現・擁護のための制度作りとして、刑事被疑者段階での公的弁護（国選弁護）や少年の公的付添、法律扶助の拡大・充実、弁護士過疎地域での公設事務所、公設相談所、地域の司法ネット作り等がある。
　これらのうち法律扶助についてはイギリスの六〇〇分の一、人口半数の隣国韓国に比べても二分の一（実質四分の一）という問題にならない劣悪さ[25]が認識されて審議会の終了を待たないで改善が図られることになったが、その余についてもそれぞれ前進する方向で制度化され、全国規模の「司法支援センター」構想に大きくまとめられることとなった。
④　その他にも、法曹養成制度改革（法科大学院）、法曹資格の拡大を含む弁護士制度の各種改革など、数多くの改革提言が審議会の論議の中でまとめられた。
審議会の意見の中には、市民の司法の観点から不必要、あるいは不十分のものもあるけれども、全体としては司法の反動的再編成の契機となるか、という危惧は概ね乗り越えられ、司法制度改革としての前進面が大きいと見られる。

　このような審議会での前進はなぜ得られたのであろうか。

　このような結果は政府自民党がとくに積極的に後押しをして出てきたものではない。

財界が強力にバックアップしたわけでもなく、むしろ財界は二人の財界出身委員を通じてブレーキをかけてさえいたのである。また司法関係諸機関ことに最高裁や検察庁・法務省が、この改革がなければ司法運営に困難を来たすという危機感を持っていたわけではない（検察官不足は別として）。加えて審議会の中で改革派が常に少数派であったことはこれまで述べたとおりである。

それなのに、このような結果はなぜ得られたのであろうか。

① 司法の現状への国民の不満と不信、したがって司法制度改革への期待は、明らかに審議会の改革志向を後押しした。審議会事務局ははじめ国民の関心が盛り上がらないと言っていた。しかし、国民の深部におけるエネルギーはやはり力を発揮したと言うべきであろう。

② その適例は日弁連が提起した一〇〇万人署名である。当の日弁連でさえ実は一〇〇万人の達成を予定していなかったというのに二七六万余の署名が短時日のうちに集められて、これが審議会の会場に積み上げられた。

署名のダンボール箱がモニター室に積み上げられるのを見た時に、日経論説委員の藤川忠宏は「司法は確実に変わる」と実感したという[26]。ジャーナリストが感じる国民の声は、審議会委員もまた感じないわけには行かなかっただろう。「こんな署名いくら集めても委員には何の影響もない」という意見が委員の一部にもあり、それは委員個々に対する理論的説得をもっと強めるべきだ、ということだったのであろうが、もし一〇〇万人署名について発言どおりの認識を持っていたとすれば、それは当人が国民の立場で現実を見ていないからである。

③ 審議会は市民からの意見を文書やメール、さらに電話でも受けつけ、それらはすべて委員に閲覧できるようにしていた（そのうえホームページ上で公開していたことは前に述べた）。それは国民の声を作為も余計な配慮もなくストレートに委員に届けるすぐれた方法であったと思うが、加えて審議会は四回の地方公聴会を開き、また法廷、検察庁、弁護士会、弁護士事務所などの司法の現場の見聞をした。

それは大都市だけでなく小都市、司法過疎地に及び、そこで地域の生の声を聞いている[27]。

④　そのような国民の期待と関心の中で委員たちが発言するときに、議事の公開と議事録の顕名は、その発言をより真摯で熱意のあるものとする方向に大きく力があったと思われる。「臨司」の場合との大きな違いである。委員の発言が発言者の氏名入りで即座に報道され、ホームページ上で全国民に知られることになればその発言は無責任なものにはなり難い（にもかかわらず無責任な発言を繰返して顰蹙を買う委員もいたが）。

⑤　この審議会では事務局の叩き台、あるいは試案にもとづいて討議をするというスタイルを排した。論点整理が出されたことはしばしばあるが、それはその回ごとの議論の結果として出てきた論点を討議のあとにまとめたものである[28]。

審議会の中間報告も、最終意見も、討議の結果得られたものを、はじめから書き起こしている[29]。このような作風は、政府の各種審議会の意見の多くが、事務方が提出して来る試案のようなものをあれこれ手直しするだけで作られ、しばしば議論にもなっていないことが作文されて押しつけられるとの批判がなされるのと、かなり違ったところがある。ここにも臨司との違いがあらわれている。

この方法が、審議会ではとにかく議論を闘わせそこから一致点を生み出すように努力し、既成の概念や約束事にとらわれない、という作風を生み出したといえる。採決すれば直ちに否決だ、という少数の意見が多くの支持を得られて審議会意見となって行ったのはこの点が作用していると思われる。少数意見はほとんどの場合に改革に積極の意見であって、「改革を要しない」という少数意見が議論を重ねるうちに、やはり改革は不要なのだという一致を得るに至ることは少ないと考えられるからである。

⑥　法曹三者の取組姿勢も挙げておくべきであろう。
最高裁はたしかに改革に向けて舵を切った。審議会の初期に泉徳治最高裁事務総長の行ったプレゼンテーションは、前記のとおり改革の必要があるのは弁護士の側だけだ、という他者のみを批判する姿勢が大きな失望で迎えられたが、その後の展開は改革を全面的にではないが受け入れる方向に変わった。それは（i）審議会の上記の空気からして一定の改革は受入れはやむを得ないと察したこともあるが、（ii）司法の再生のために改革は必要だという現状認識が司法部内で、とくに事務総局上層部で、固まっていったことによるであろう(30)。

法務省は刑事司法改革については何もやらないという態度を露骨に取り続けていた。身内に検察庁を抱え、そのうしろでは警察庁が足を引張っていたからである。そのため今次の司法制度改革のテーマに当初、刑事司法がまったく登場しなかったのである。しかし、その他の面ではかなり柔軟で積極的な姿勢を示すようになった。

日弁連の積極的で真摯な姿勢が審議会の議論を支えていったことは当然ながら記憶されるべきことである。とくに、法曹人口増加についての弁護士会内の根強い抵抗にも拘らず、毎年三〇〇〇人体制へ「苦渋の選択」を敢てしたことは、改革推進の原動力として大きな役割を果したといえよう。

ただし、その日弁連も弁護士制度や弁護士業務の改革のことになると腰が引けるのが一度や二度ではなかった。弁護士の自己改革は小堀日弁連会長が審議会のプレゼンテーションの中で強調し「弁護士会はやるのだな」という感銘力が、その後の審議会の雰囲気を作ったのに、司法試験改革、他士業との協働関係、法曹資格の緩和、といった問題の一つ一つに会内からの圧力によって審議会で消極姿勢しかとれず、そのような姿勢が他の分野での改革を棚上げにする口実にも使われたという事実を厳しく指摘しておくべきである。

⑦ 政治勢力、ことに政府・与党からの介入がなかったことは改革論議を純化し可能な限り論理の段階での争いに押しとどめるのに役立った。

与党自民党と公明党は司法制度改革立法段階に猛烈に介入し、自分たちの領域(立法作業)に専門家集団の検討会が口を出すのはどういうわけだ、と言い立てはじめるがそれはまだ後のことである。[31]

審議会に政治介入がなかったのは、①何より審議会の構成が国会議員をまったく排除しているために議員は表向き発言の機会を持ちえず、リアルタイムの情報にも遅れたということが挙げられるが、②この間総選挙があり自民党調査会の二つの分科会の主査である、加藤卓二、太田誠一の両名とも落選(加藤は選挙責任者の買収事犯による有罪判決に伴い、連座制により立候補禁止となる)し、会長の保岡興治は当選したが、保岡以上に司法制度について党内実力を持つ与謝野馨が落選し、これらによって一時機能停止に陥ったことも大きい。③司法の問題は政治家にとってやはり現実的利益から遠いので、しばらく審議会にやらせて様子を見るという、一種緊張のゆるみもあったであろう。しかし、審議会の議論はその間に進んで、意見書によって固められることになったのである。

4 結びにかえて

「アメリカとそれに従属する財界が司法の新自由主義的な再編成のために改革を言い出したもので、

いま司法制度改革をいうのはそれに協力するだけだ」「日本の軍事国家化と国民の人権抑圧を目指す小泉内閣が司法についてだけ国民に利益をもたらすわけがない」というような発言が以前からあり、今でも続いている。(32)

日弁連会長選挙にはもう何回も日弁連の司法制度改革への姿勢を批判する人物が立候補していて、来る二〇〇六年にも立候補するであろう。

たしかに、財界と自民党のいわゆる規制緩和型司法制度改革は、そのようなイデオロギー的背景と行動論理をもっており、そこで構想された「司法制度審議会」による「21世紀司法の全体像」作りは、第二臨司として司法の反動的再編成を実現する可能性はあった。

そのような危険があったことは率直に認めなければならない。しかし、現実の経過はその危険を辛うじて回避し、正しい意味での改革の契機をつかんだ、と言えると考える。

教訓としてわれわれが受け止めるべきことはいくつかあるが、第一に、情勢の正しい認識とその情勢の主体的運用の重要性である。

情勢の正しい分析がなければ、ただとにかくやってみようという冒険主義になるし、主体的な行動がなければ情勢に流されるだけである。「反対」を叫ぶのは易しい。この何十年の間少なくとも司法の分野では反対を叫ぶだけで国民の手に何を獲得することもできないできたのである。

第二に戦術的には柔軟な思考と柔軟な対応が必要だということである。

保守政権の与党だから話をしてもムダなはずだ、とか審議会の顔ぶれからしてこの問題についてはこのような結論にきまっている、というような固定的な思考を捨てて行動に出なければ、得られるものも得られない。かと言って基本的な姿勢を確固としていなければ、ミイラ取りがミイラになることははっきりしている。その意味では司法改革批判論者の発言は「ミイラになるな」という警告を発し続けていたと考えるべきものであろう。

第三に国民の力の重要性と国民の力への信頼である。

審議会は重要な役割を果したが、その委員間の政治力学や会議の席の駆け引きだけで結果は得られていない。委員の多数で否定し去ってもそれで国民の納得が得られるだろうか、とだれかが思うところから局面は変わって行く。ロビー活動は重要であるけれども、ロビー活動だけで、たとえば法曹一元反対、陪審制は絶対反対と公言していた井上正仁が裁判員制度の提案などすることになっただろうか。

さて、司法制度改革はこれですべて成功裡に終わったといっていいわけではない。

まだ、審議会の意見書、これにもとづいて作られる政府の司法制度改革推進本部とその検討会の作業、個別の立法案の策定と立法の過程、さらにその運用の段階、と検証しなければ、今次司法制度改革の成否を云々したり、総括したりすることにはならない。その意味で、本稿はそれらの全体の、まだ序盤の段階についてのスケッチである。

註

（1） 拙稿「司法制度審議会のゆくえと日弁連の対応」法と民主主義三三五号一二頁参照。

（2） ここ数年の間にも、東京高裁判事による少女買春、神戸地裁所長による痴漢行為、福岡高裁判事の妻に関する捜査・令状情報の司法行政部門への漏洩、少し遡れば東京地裁破産部判事の収賄、同じ部にいた判事の万引など、最近では大阪高裁判事の自殺の過労死認定申請が遺族から裁判所に対して行われている

（最近これが最高裁によって却下された）。

（3） 最高裁での敗訴判決に対する総評の声明の中で用いられて広がった。

（4） この間の経過については、拙稿「司法の閉塞状況と裁判官制度改革」（『危機の時代と憲法』（敬文堂・二〇〇五年）所収）。

（5） 一九八六年六月全国高裁長官・所長合同会における矢口最高裁長官の訓示（裁判所時報九二二号一頁）。

（6） 宮沢節生「今次司法改革における『市民のための司法改革』論の軌跡」（法律時報二〇〇五年七月号四〇頁）は、この動きを明確に跡づけ、かつ評価している。

（7） 司法制度改革審議会における最高裁泉徳治事務総長のプレゼンテーションはこのことをよく物語っている（一九九九年一二月八日第八回審議会議事録）。

（8） 宮沢・前掲（とくに四二頁）が、司法改革ビジョンまで日弁連の公式文書に「市民のための司法改革論が見当たらない」と指摘しているのは、その意味ではまさに、そのとおりである。

（9） 拙稿「日弁連はどのような司法改革を目指すか」（『シリーズ司法改革Ⅰ』三六頁（日本評論社・二〇〇〇年）所収）、拙稿「ここまで来た司法制度改革」（月刊全労連二〇〇一年六月号二五頁）など参照。

（10） 日弁連会長小堀樹のプレゼンテーション（一九九九年一二月八日第八回審議会議事録）。

（11） 一九七〇年、法務省が簡易裁判所の事物管轄を訴額一〇万円から三〇万円に引上げる法案を日弁連の反対を押し切って提出したため国会審議が混乱したことを受けて決議されたもの。

（12） この間の経過については拙稿「自民党司法制度特別調査会への対応」（法と民主主義三二九号四〇頁）参照。

（13） 土屋美明『市民の司法は実現したか』（花伝社・二〇〇五年）一一九頁がこの間の事情を私の発言を引用して述べている。

(14) 日弁連司法改革組織検討委員会が一九九一年一一月に日弁連の当時の会長、中坊公平の指示により司法改革の組織と当面の課題についての提案をとりまとめたもので、これが自民党調査会に資料提供された。

(15) 一九九八年五月一九日経済団体連合会「司法制度改革についての意見書」は、裁判官の任用について「弁護士となる資格を有する者で裁判官以外の職務を経てきた者から任用することを原則とすべきである」としている。

(16) 上石桂一「過去の司法制度改革との比較で見た今回の司法制度の評価」(法律時報二〇〇五年七月号二八頁)の三一頁にも、同旨の指摘がある。ただし、筆者が審議会の委員構成の仕方を正当と評価しているのかどうか明らかではない。

(17) 事務局員は、法務省二、最高裁二、日弁連二、大蔵・文部、通産、建設が各一、である(他に補助職員五)。

(18) 日弁連は第一回審議会前に議事の公開と議事録の公開を求める要望書を内閣に提出していた。

(19) この間の経過は、拙稿「司法制度改革審議会の現段階と日弁連の課題」(日弁連「市民の司法」一五号)。

(20) 平野龍一「参審制度採用の提唱」(ジュリスト一一二九号「刑事法研究最終巻」一九一頁所収)。

(21) NHKテレビシンポ「開かれた裁判――国民の司法参加を考える」における利谷信義の発言(法と民主主義二三〇号一七頁)。

(22) 井上正仁「考えられる裁判員制度の概要について」(ジュリスト一二五七号一三三頁所収)。

(23) 二〇〇〇年八月九日集中審議第三日議事録。

(24) 審議会意見書九二頁以下、裁判官制度改革については、拙稿「裁判官制度改革過程の検証」(二〇〇五年三月、「現代法学」九号九一頁所収)を参照。

(25) 日弁連パンフレット「司法を変える(司法改革ビジョン)」六頁。

(26) 藤川忠宏「司法改革――市民のための司法をめざして」の書評（自由と正義二〇〇五年七月号一〇三頁）。

(27) 東京、大阪、福岡、札幌、浜田（島根県）、酒田（山形県）の各裁判所、検察庁、弁護士会、相談センター、拘置所、保護観察所、等である（審議会意見書末尾の「審議経過」）。

(28) 論点整理には事務局が作成したものと各委員がそれぞれの立場で整理したものとの二種類がある。第一七回（二〇〇〇年四月一七日）以降の審議会議事録に随時添付されている。

(29) 二〇〇〇年一一月四日第三七回審議会議事録、二〇〇一年五月二一日第五九回審議会議事録。

(30) これを示す一つの例として、これまで裁判官増員の必要を認めていなかったのを改めて、現在の事件数を前提に五〇〇人の裁判官の増員を必要とし、今後の事件増によっては、さらに「＋α」の増員が必要と明言したことがあげられる（最高裁事務総局二〇〇一年四月一六日「裁判所の人的体制の充実について」）。

(31) 谷勝宏「今次司法改革の立法過程」（法律時報二〇〇五年七月号四六頁）は、この経過に触れるものである。

(32) 比較的最近では広渡清吾「司法改革をどう見るか――いくつかの文脈と論点」（法と民主主義三九五号四頁、第三七回司法制度研究集会の基調講演）は改革の評価が極端に対立することを指摘している。また、新屋達之「司法改革のイデオロギー」（法の科学三五号一三五頁）は、裁判員制度を素材としつつ、改革への評価態度を①現状肯定型、②規制緩和・危機管理型ａ、③同―ｂ、④リベラル型ａ、⑤同―ｂ、の五つに分けている。

第2章

司法制度改革の立法過程

1　はじめに

二〇〇四年秋は司法制度関連立法のラッシュであった。

二〇〇四年の一五九通常国会と一六一臨時国会を中心に制定された法令とこれに関連してその前後に定められた最高裁規則などによってわが国の司法制度はさま変わりの様相を呈した。

本稿は、これら司法制度改革立法の制定経過を辿り、立法過程をめぐってどのような力関係が作用したのかをなるべく具体的に検証しようとしたものである。

さきに拙稿「司法制度改革の史的検討序説」(「現代法学」一〇号所収)において今次司法制度改革の発端から司法制度審議会の最終段階に至るまでの経緯をスケッチしたが、本稿はこれにつながるものとして改革の立法過程の検証を意図したものである。なお前稿につづき、文中原則として敬称を省略した。

2 司法制度改革立法化の体制づくり

(1) 意見書の提出

二〇〇一年六月一二日、司法制度改革審議会(以下「審議会」という)は意見書を内閣に提出したが、意見書はその中で司法制度改革の推進を次のように求めていた。(1)

第1 内閣に、審議会が提言する改革に取組む強力な推進体制をつくること

第2 司法制度改革の実現に向けて

① 内閣と関係行政機関が司法制度改革に関する施策を総合的に策定し、計画的かつできるだけ早くその施策を実施すること

② 裁判所、日本弁護士連合会その他の関係機関が司法制度改革の施策の実施に協力し、これと並行して自らの関係する制度や運営の改革に取組むこと

第3 財政上の措置について特段の配慮をすること

内閣は、上記の意見提出の三日後、六月一五日に「司法制度改革審議会意見に関する対処方針」を閣議決定した。その内容は次のとおりである。(2)

① 審議会意見を最大限に尊重して司法制度改革の実現に取り組む
② 速やかに司法制度改革を推進するための作業に着手する
③ 司法制度改革の推進体制等のための法律案をできる限り速やかに国会に提出する
④ 司法制度改革の方策を具体化する関連法案の三年以内の成立を目指す

政府が審議会意見を最大限に尊重することを表明したことにより、司法制度改革は、審議会意見を軸に進められることが現実のものとなったのである。

(2) 体制づくりの準備

〈1〉同年七月一日、内閣官房に司法制度改革推進準備室（以下「準備室」という）が設置された。この準備室が改革立法等の制度改革推進のための推進母体とその事務局の構成および推進法の準備に当たることになった。準備室長には審議会事務局長の樋渡利秋（最高検検事）が横すべりした。また副室長（内閣審議官）二人は法務省と財務省出身、参事官が八人、参事官補佐一四人、主査一〇人である。[3]

いわゆる民間からのスタッフとして、日本弁護士連合会（日弁連）推薦の弁護士二人が参事官および参事官補佐に就任した。

また、準備室顧問が置かれることになり、いずれも審議会の学者委員であった佐藤幸治、竹下守夫、井上正仁の三人が任命された（佐藤幸治はのちに顧問会議座長に就任することになる）。

〈2〉準備室は、立法化の体制についてほぼ次のような構想を立てた。

① 内閣に司法制度改革推進を主管する本部を置く

② 本部に顧問数名を置く

③ 本部に事務局を置く

④ 事務局に改革立法課題に関する専門チームを設ける

これに対して体制づくりの基本的な考え方として、行政主導（官僚主導）の立法としてはならないという立場から、立法過程への各界の意見の反映と立法過程の透明化の重視という二つの観点の重視を求める意見があり、中でも日弁連は二〇〇一年八月、内閣に対して要望書を提出した。(4)

立法過程の透明化に関する部分はしばらくおき（後述する）、各界の意見反映に関する要望を準備室の構想に対比して示すと次のとおりである。

①′ 司法制度改革推進本部を内閣の外に置き、本部員に各界の意見を反映し得る人材を選任すること

②′ 本部の作業をチェックするための民間人による顧問会議を置く（個々の顧問ではなく）こと

③′ 事務局メンバーに民間の人材を求めること

④′ 本部に直属して立法課題を実質的に検討する「改革検討委員会」を設置すること

〈3〉 政府、与党、関係行政機関、最高裁、日弁連との間に種々折衝が行われた結果、立法化の体制は同年九月二八日に国会に提出された「司法制度改革推進法案（以下、推進法）」にまとめられた。詳細は後述するが、準備室の構想との比較だけを示すと、次のとおりである。

①″ 司法制度改革推進本部（以下、推進本部）を内閣に置き、首相が本部長、全閣僚が本部員となる。

つまり内閣＝推進本部であって、したがって民間のメンバーは本部員に入る余地がないものとなった（推進法一一条ないし一三条）。

②” 顧問制度より強力な顧問八人からなる顧問会議を推進本部に置き、推進本部長に意見を述べるものとした（推進本部令一条）。

そのメンバーとしては、前記佐藤幸治以外には審議会委員経験者を入れず、かつ、法曹三者およびその経験者を入れず、経済界、労働界、ジャーナリストなど幅広い人材を集めた完全な民間人構成で、かつ中立的な構成となった(5)。

③” 事務局は事務局長、事務局次長二人（のちに三名に増員）、参事官九人、その他所要の人員で構成する（推進法一五条、推進本部令三条、四条）。

事務局は関係行政機関からの出向者のほか民間から弁護士五人、財界シンクタンクから一人が加わった。うち弁護士出身者の配置は、事務局次長一人、参事官一人、参事官補佐三人である。

④” 事務局の中に立法課題ごとに一〇個（のちに一一個）の「検討会」を置き、それぞれ一一人の委員で構成する。その結果、これを推進本部直属とすることによって事務局から独立した検討委員会とするという構想は否定された。しかし、検討会は、自主的に運営され、自らの結論をまとめて推進本部に提出することとされ、単なる作業グループではないことになって、事務局からの相対的な中立性は維持されることとなった。

〈4〉司法制度改革立法過程の透明化は、各界の意見の反映と並んで体制づくりの当初から要望の大きいところであった。

それは、審議会の審議の公開、発言者氏名を明記した議事録（顕名議事録）による審議経過の公表が、審議会の論議を質の高いものにし、審議会意見にも反映したという身近な経験にもとづくものである。

透明化への期待に応えるように、司法制度改革推進法案の議決に当って衆議院法務委員会は「司法制度改革作業の経過を含む情報について透明性の確保に努め、国民に開かれたものとすること」という附帯決議を行い[6]、参議院法務委員会は「顧問会議、検討会を運営するに当っては、その経過と内容についてできる限りリアルタイムで公開するよう努め、透明性を確保すること」という附帯決議を行った[7]。森山真弓法務大臣らの政府委員もこれら決議の趣旨を守ってリアルタイム公開を実現すると発言した。

結果はどうだったであろうか。

推進本部は構成が内閣そのものであるからはじめから公開を論ずる実益がない。

顧問会議は、第一回の会議で議事のマスコミ公開と顕名議事録の作成公表をすんなりと決めた[8]。

検討会は、いずれも議事の報道機関への公開は決めたものの顕名議事録の作成については対応がマチマチで、一一の検討会がすべて顕名議事録の作成公表を決めたのは二〇〇三年一月二九日のことであった。

(3) 体制づくりの特徴

体制づくりの段階にみられる特徴は何であろうか。ここでは四点指摘しておくこととする。

第一に、準備作業が迅速に進行したことである。審議会意見書提出から準備室設置まで二週間余、それから推進法案提出まで三ヶ月足らずであって、準備室は五ヶ月で一二月一日の推進本部設置にこぎつけたことになる。それは直接には内閣の「できる限り速やかに」という前記対処方針にもとづいたものであるが、その対処方針が審議会意見提出の三日後に決定されていることを含めて、審議会意見の内容の実現の遷延を許さない国民の司法への不信と、改革の必要性そのものについては大きな異論はなかった（司法改革の意図とイメージはその立場によって同床異夢であったが[9]）こととが相互に作用した面がある、と思われる。

第二に、官側と国民の側との意見の対立をはらみながらも相対的に望ましい体制が作られたことである。国民の意見の反映、民間のスタッフの受入れや立法過程の透明化が実現を見たのは、準備室側の改革についての一定の前向き姿勢も作用したと認められる。

第三に、推進法の国会審議の過程で、政府・与党と野党との間にも大きな意見の対立がみられなかったことである。これは上記の、それぞれ異なる改革イメージを持ちながら同床異夢の状態であったことが反映し、「改革」ということで結果として一致した、というところが大きいであろう。

したがって、衆・参両院の法務委員会附帯決議でも、前記の透明性確保のほか推進法には登場しない「国民の意思の反映」「人権擁護」「社会正義の実現」等の文言が改革の目的として登場するに至るのである。

第四に、そうはいいながらも、官僚主導による立法の体制は根強く残されていたといわなければならない。

体制づくりの過程では準備室と日弁連の間に定期的な連絡協議も行われていたが、実際には体制づくりについての両者の「協議」という実質を有するには至らず、準備室側からの説明・報告と、これに対する日弁連側からの質疑、せいぜい注文レベルに止まったのであり、このことは民間主導の改革立法というものが至難の業であることを象徴的に示していた。

3　立法作業の開始

(1)　推進法と推進計画

〈1〉推進法は二〇〇一年一二月一日から施行され、同日、推進本部が内閣に三年間の期限つきで設置された。

推進法は組織の体制（前述）のほか、司法制度改革の基本理念と基本方針、司法制度改革に関係する機関、および司法制度改革推進計画（以下、推進計画という）について定めている。

〈2〉推進法は司法制度改革の基本理念（推進法二条）、および基本方針（推進法五条）として国民の利用の観点、公正かつ適正な手続、手続の充実および迅速化を掲げている。それはその限りでは誤りではないが、「迅速化」の強調、繰り返しが目立つ反面、衆・参両院の法務委員会附帯決議にも見られた「人権擁護」や「社会正義の実現」といった理念は欠落している。

裁判官・検察官・弁護士に関する法曹制度改革が、それぞれの「能力および資質の一層の向上のための制度整備」と位置づけられ、たとえば裁判官制度改革が目指す裁判官像、などといった改革の方向づけは見られない。

国民の司法制度への関与（裁判員制度）は「司法に対する国民の理解を増進させ、およびその信頼を向上させるため」と位置づけられていて国民にとっては受け身のものとなっており、前記の両院附帯決議に「国民の意思の反映」と表現されているような積極さは見られない。

総じて、推進法の理念条項は、それ自体がよく練られていないうえ、司法制度改革への熱意に欠けた遺憾なところが多かったのが特徴的である。

〈3〉司法制度改革に関与すべき機関として、推進本部は事務遂行に必要があるときは、①関係行政機関、②最高裁判所、および③日弁連に協力を求めることができる（推進法一四条一項）とし、とくに必要があるときは④それ以外の者に協力を依頼することができる（同条二項）と定めている。

すなわち、上記の①、②、③の機関は推進本部に協力する義務のある機関として位置づけられている。また、国と日弁連は司法制度改革施策の実現について、責務を有する（同法三条、四条）ものとされる。推進法三条と四条とでは表現が若干異なっているが、日弁連が国とともに司法制度改革について法的な責任を負うこととなったのである。[10]

弁護士の中には、「責務」のあるところ司法制度改革についての発言権が伴うとして歓迎する意見がある一方、四条が削除されなければ推進法案に反対するという強硬意見もみられたが、[11] 日弁連が自ら主張し運動を展開した司法制度改革を実現するに当って責務条項はあって当然であって、これが規定されたら推進法に反対、などというのは改革をめぐる情勢を完全に見誤っていると考えられる。

なお、最高裁は協力機関としては推進法に規定されているが、責務は負わないのかという問題があった。最高裁も国の機関なので国の責務（三条）に包含される、というのが立法当局者の説明であるが、それではあいまいさを残す、というべきであろう。この点については最高裁事務総長が国会答弁で、最高裁も責務を負うことを宣明したことにより、一応の決着はついた。

いずれにせよ、この協力条項と責務条項により、最高裁と日弁連は司法制度改革立法のうえで内閣と並んで特殊の地位に立つことになったのである。

〈4〉内閣は司法制度改革の立法過程について推進計画を定め閣議決定のうえ公表しなければならないものとされた（推進法七条）。

推進計画では、司法制度改革のための措置の全体像を示すとともに三年間に行うことを予定する措置の内容、その実施時期、法案の立案担当省庁等を示すものとされ、二〇〇一年一二月四日、推進本部第一回会合で、森山法務大臣が二〇〇一年度内を目途に作業を進めるという方針を示した。[12] そして二〇〇二年二月一九日に「推進計画（骨子）案」が、三月七日に「推進計画（案）」が示され、同月一九日閣議決定公表に至った。

一方、最高裁と日弁連はそれぞれ司法制度改革に責務を有することとなった立場から独自に推進計画の策定を進め、日弁連が同年三月一九日に、[13] 最高裁が同月二〇日に、[14] それぞれの推進計画を公表した。

これら推進計画の策定・公表はそれ自体有効で必要なものであったことは疑いないところであり、評価に値するといえよう。

第一に、国民の立場からみて、これから数年の間に司法のどの分野がどう変えられようとしているかについての展望を予め示されることは確かに望ましいところである。

第二に、内閣と最高裁と日弁連の三者三様の推進計画は、それぞれが関心を持ち重点を置く改革項目が何であるかを知り、これからの改革立法の行方に具体的な観点を与えることに役立った。たとえば内閣と日弁連の推進計画は最高裁裁判官の選任過程について透明性、客観性を確保するための措置を検討するものとしている（日弁連は、さらに「必要な提言等を行う」と一歩踏みこんでいる）のに対し、最高裁のそれでは、まったくこれに触れるところがなく、最高裁裁判官の選任過程の改革の実現には不安を予感させる、などである。

しかし、他方、まず推進計画の策定期間が四ヶ月を切るという短期間であって、この間に三年間の立法計画をすべて網羅しなければならないところから拙速になったこと、次に計画相互の関係において、とくに内閣の推進計画案について、十分に検討して批判を加えあるいは修正を求めるという機会を得られなかったこと、などの問題点もあったことを指摘しておかなければならない。

(2) 事務局の構成と検討会

〈1〉事務局の構成と検討会の性格づけは、司法制度改革の立法作業の主導権をだれが握るかということに係わっていた。

もちろん立法は立法機関（国会）の権限に属しているが、その原案をだれが実質的に作るかということが改革の成否にも大きく影響すると考えられていたからである。

準備室は、立法作業は関係行政機関の仕事だと当然のように考えており、審議会は民間の衆知を集めて意見を出したけれどもそれを具体的に制度化する「立法のことはわれわれにおまかせください」と公然と言いもしていた。

それに対して、日弁連などからは他の立法のことはともかく、司法制度改革については、そもそもの始まりの経過に照らしても国民の関与は不可欠だという強い意見があり、これを立法作業にも反映させるべきだという要求が具体的に出されていた。[15]

〈2〉事務局の構成

準備室メンバーのうち室長を除く全員が事務局員となったほか若干増員されて、発足当初、事務局長一人、事務局次長（内閣審議官）二人、参事官、参事官補佐、主査、その他の総数四五人である。

これらのうち、事務局長は法務省出身（山崎潮法務省司法調査部長）、事務局次長は法務省と財務省出身、そして主査以上の事務局員は準備室体制と同じく各省庁のほとんどすべてと最高裁に割当てられた。

その内訳は、法務省がもっとも多く一六人、ついで最高裁一二人、財務省二人（国税庁を含む）、警察庁二人、文科省二人、その余の省庁は各一人である。

中央各省庁以外からの採用は、弁護士から参事官一、参事官補佐一、の二人にとどまった。その後、事務局次長のポストが増設されてこれに弁護士が就任し、参事官補佐の弁護士ポストが二つに増え、財界のシンクタンクからも一人採用された（事務局全体としても若干の増員が行われている）ものの、民間からの参入は期待外れであった。

そして、参事官および参事官補佐の担当分野は、たとえば裁判員制度と刑事弁護制度については最高裁出身一人のほかは法務省と警察庁で独占し、民事司法と仲裁制度は最高裁出身者で独占する、というような偏りがあり、一方弁護士出身の参事官は弁護士制度改革以外のテーマを担当していない。
事務局の構成は、官僚組織の手に掌握されたということができるであろう。

〈3〉検討会の性格

検討会を推進本部に直属させるか事務局に属させるかについて準備室と各界の要望の間に対立があったことは前述のとおりである。それは検討会が事務局から独立しているかしていないかということであって検討会の性格づけをきめるのに大きな課題であったが、結局は事務局に属するということで落着した。

このことをとらえて、推進本部事務局長が国会で「検討会は事務局長の私的諮問機関」であると答弁したりしたことがあった。

しかし実際には、検討会は制度上は事務局に置かれながら以下の点に見られるように相対的には独立した立法案の立案機関として機能した。事務局長の私的諮問機関と考えるのは、誤りというほかないであろう。

① 検討会委員の人選は、当然ながら、事務局（長）ではなく推進本部の手で行われ、中でも法曹三者の委員はそれぞれの推薦する者が就任した。
② その座長は、検討会委員の互選によった。
③ 検討会の公開・議事録の作成、その顕名・非顕名は検討会自身で決した。
④ 事務局員は検討会の議事について説明する立場にとどまり、決定についての議決権は有しなかっ

た。⑤検討会の結論が出されたものは、細部はともかく制度枠組みが作られないで終ったものはなかった。⑥逆に、検討会が立法化を決めなかったのに立法されたものもなかった。[16]検討会の結論の趣旨から外れて立法されたものもなかった。

推進本部の発足後、個別の立法作業は検討会を舞台に進められ、推進本部はその成果を順次承認していくこととなる。そこで以下、これを項を改めて検討していくこととする。

4 検討会の活動経過

(1) 検討会の役割分担をめぐって

立法作業を実質的に担う機関としての検討会を最初に構想したのは日弁連であって、日弁連は二〇〇一年八月二八日の内閣総理大臣宛の要望書で「立法課題を実質的に検討する機関（仮称「改革検討委員会」）を設置し、委員には日弁連を含む国民各層の意見を反映する者を選任する」ことを提案していた。[17]準備室はこれを取り入れた形で、同年一〇月六日の準備室と日弁連の連絡協議においては、①課題ごとに六〜七個の検討会を作る、②一つの検討会のメンバーは一〇名内外とする、③法曹関係者を含む有識者で構成する、という考え方を示した。

日弁連にも、これに対して特段の異論はなく、具体的な検討会の分担として、裁判官・検察官制度検討会、裁判員制度検討会、法曹養成制度検討会、刑事司法検討会、弁護士制度検討会、行政・労働検討会、ＡＤＲ検討会の七つに区分することを提案した。

これに対する準備室の案は、法曹制度・法曹養成検討会、裁判員制度・刑事・公的弁護制度検討会、行政訴訟検討会、労働訴訟検討会、司法アクセス検討会、ＡＤＲ検討会、国際化検討会に分けるというもので、法曹養成と法曹制度を一つにまとめ、裁判員制度と公的弁護制度という刑事司法関係を一つにまとめていることに特徴があり、そして、そのことをめぐって主として日弁連との間に意見の対立を生じた。

批判の要点は次の点にあった。第一に、「法曹」という司法の担い手に関する課題を余りに大きくまとめすぎていることである。第二に、さらに法曹制度のうちとくに裁判官制度の改革については日弁連は今次司法制度改革の大きなテーマととらえており、これを検察官制度、弁護士制度と抱き合わせにして「法曹制度」としてしまうのは裁判官制度改革の比重を意図的に小さくしようとしているのではないか、と受け取られた。第三に、裁判員制度と公的弁護制度についてもそれらのいずれもが大きな改革課題であって、貴重なテーマではあるがそれほど比重の大きくないＡＤＲや仲裁制度を独立の検討会としているのに比べてあまりにもバランスを欠いていることである。(18)

種々調整が行われた結果、法曹養成と法曹制度は別個の検討会となった。しかし、裁判官制度、検察官制度と弁護士制度は分けられることなく、法曹制度検討会という一つの検討会にまとめられた。裁判員制度・刑事と公的弁護は二つの検討会に分けたものの、日弁連推薦の委員を除いて全員が両検討会を兼ねるという、きわめてイレギュラーな構成となった。

こうして検討会は一〇個（のちに知的財産権の検討会が新設されて一一個）となった。結果から遡ってみると、次の点が指摘できる。

第一に法曹養成検討会は、法科大学院制度の論議と立法が他の課題より一歩先行したことにより推進本部の三年間の後半は開店休業となった。同検討会と法曹制度検討会とを分離したのは無駄を多くした、という言い方もできよう。しかし、法曹養成制度の枠組みづくりがそれ自体一つの検討会を要するほど大きな仕事であることを否定するものではない。

第二に裁判官、検察官、弁護士の各法曹制度を一つの検討会で取り扱ったことは、まず裁判官制度改革の骨組み作りの大部分を最高裁に委ねたことによって、また検察官制度について大きな改革課題がなかったことによって、弁護士制度改革の数多くの課題を消化することができ、三年間の最後の二ヶ月ほどは検討会を開かないという日程上の余裕の感さえ生じた。

しかしそれは、法曹制度を程ほどに、言ってみれば検討会の身の丈にあわせて取扱ったせいだともいえるのであって、せめて二つの検討会で分担していたら、裁判官制度についても、さらには弁護士制度についても、もっと突込んだ改革ができた可能性がある。具体的なことについては後に検討する。

第三に裁判員制度・刑事と公的弁護制度を二つの検討会で分担したのは、それぞれが大きなテーマであることからして当然の措置であったと考えられるが、現実にはそれに相応した効果を発揮し得なかったと評価しなければならない。それは、二つの検討会は日弁連推薦委員を除いて共通の委員構成であり、座長も同じ井上正仁であって、弁護士委員一名が交替するだけという外観を呈したからである。これでは二つの検討会を主張して日弁連が意地を張っただけで実体は一つのものと変わらない、という結果になったのである。

(2) 検討会委員

委員の人選は、国民各層の意見を反映するという方向が、ある程度の実現に止まることとなったといえるであろう。

各検討会とも法曹三者（裁判官、検察官、弁護士）は、それぞれの現職にある者[21]を一人ずつ推薦し、学者（法律系および非法律系）がどの検討会にも入ったほかは、経済界、労働界、消費者団体、ジャーナリスト、地方自治体等の顔ぶれが委員となった。

しかし、学者が累計四七人と、全委員の三分の一を超える多数を占め、中央省庁の現職官僚が、検察官枠の法務省在勤者六人を含めると一三人（他に警察庁二人、厚労省、経産省、国交省、総務省、外務省、各一人）入っていて、世論重視を貫徹しているわけでもなく、やはり、法律立案にかかわる専門家、つまり立法のテクノクラート集団の色彩もしっかりと持っていると見ることができる。

(3) 検討会議事の透明化

推進本部の立法作業の公開と透明化は、前述のように衆・参両院の附帯決議においても求められており、とりわけ参議院法務委員会の附帯決議は「検討会」を名指しでその実現を求めていたが、各検討会におけるその具体的な方法はそれぞれの検討会に委ねられていた。

各検討会は、報道機関に対する議事の公開についてはそろってこれを認めるものとしたが、議事録上に発言者を記載する顕名議事録作成を決めたものが五つと、当面非顕名とすることとしたものが五つの半々に分かれた(22)。

顕名とすることに反対する意見は「自由な発言ができなくなる恐れがある」「発言内容が氏名入りで議事録の載ると思うと発言に躊躇する」など、場合によっては「発言の内容を理由にあとで危害を加えられるかもしれないのが心配」などというものまであったが、裁判官と検察官の委員全員がすべての検討会で顕名とすることに異を唱えており、むしろ財界団体の委員などが顕名に異を唱えないのと対照的である。

議事録の顕名、非顕名の問題は長いこと尾を引き、最終的には一一の検討会すべてで顕名議事録を作ることになるのであるが、前述のとおり最後の検討会（司法アクセス検討会）が顕名を決めたのは二〇〇三年一月になってからであった。

議事の公開に関連しては、なお開会冒頭の写真・ビデオ撮影がどの検討会でも認められ、マスコミのほか法曹三者からの傍聴が認められた。

報道機関を司法記者クラブ構成員に限定したため業界紙、政党紙、団体紙や雑誌などが閉め出されて紛議を生ずることとなったが、それは、どこにも見られるのと同じ現象である。

(4) 検討会の評価

この段階での検討会についての評価を示せば次のとおりである。

検討会は司法制度改革の立法段階で実質的に制度設計を行う中核となった。

前述のように、推進本部が実際上は内閣それ自体で民間の声を反映させる余地がなく、事務局が中央各省庁の利害を代表する出向者でがっちり固められて官僚主導の法案作成以外の方法を許容しないほどの体制となっていてわずか二、三人の弁護士がそこに民間の意思を反映させるなど到底叶わないような実情の中で、検討会がどうにか機能していることが、国民の意思を立法に注入していくための頼りであった。

もし、検討会がなかったら、司法制度改革の立法作業は、他の分野の立法過程と異なるところが殆んどないことになったと思われる。検討会が国民の前に開かれ、各委員を通じてさまざまな声が反映され、公聴会、現地視察、パブリックコメント、投書などのさまざまな方法で国民の意見を吸い上げる機能が働いたことによってようやく司法改革の立法過程が生き生きとしたものになったのである。

もちろん検討会が作られたことは、そのような一般の声を反映する場を作った、というだけであって、その場を有効に生かし切れるか切れないかは、後にみるように、各検討会によってさまざまであった。

5 顧問会議

(1) 司法制度改革の重要事項について審議し、推進本部長に意見を述べるために顧問会議が設けられた。検討会が推進本部関係の法令に根拠を有しない組織であるのに対して、顧問会議は政令で設置をきめられた正規の機関である（推進本部令一条）。

顧問会議のメンバーとして八人の顧問が任命され、審議会会長であった佐藤幸治が座長に選ばれた。

顧問は佐藤を含めて四人の学者（佐藤を除いて全員が大学学長）、経済団体と労働団体の代表（経団連会長および連合会長）、ジャーナリスト、評論家からなり、各界のトップクラスを集めたものとなった。

(2) 顧問会議については差し当り、次の三点を指摘しておく。

第一に、文字どおり個々人としての顧問を置くのではなくて顧問会議の形をとり、かつ、これを推進本部の正規の機関と位置づけたことにより、推進本部における発言力が増したことである。

事務局も、「検討会は事務局長の私的諮問機関にすぎない」と公言したような態度を、顧問会議に対しては取ることができなくなったので、この会議が立法過程においてチェック機能をかなり発揮できるようになった。

第二に、実際にも顧問会議は立法作業の要所要所でよく発言し、行動的であっただけでなく、のちに司法改革推進国民会議という司法制度改革の立法作業を民間の立場で監視する組織ができたときも顧問全員がこれに加入するという、一種意表をつくパフォーマンスにもつながった。

また、評価はともかく、裁判の迅速化に関する法律（いわゆる迅速化促進法）制定のきっかけを作ったのも顧問会議であった(23)。

第三に、佐藤幸治の思想と人物については立場によって評価の違いはあるとしても、審議会意見を生み出した佐藤を顧問会議座長に据えたことは、少なくとも顧問会議を審議会意見の実現の方向に動かすのに大きく作用したとみられる。

じじつ佐藤は節目節目で立法作業の進捗を叱咤激励する発言を繰り返し、他の顧問の多くもこれを支持したのである。

　前述のように、顧問会議ははじめから議事を報道機関に公開し、かつ顕名の議事録作成も決めていたから、座長らの発言の及ぼす社会的影響も顕著なものがあった。

6　各検討会の制度設計作業

　一〇個の検討会（のちに一一個）は二〇〇二年はじめから一斉に、かつ並行的にそれぞれが分担した立法課題に取り組んだ。その成果が二〇〇一年から二〇〇三年にかけて次々と法案化されて行った。ただ、立法化された制度について逐一吟味することは本稿の目的でもないし、また筆者の能くなし得るところでもない。

　そこで、ここでは各検討会の制度改革課題への取組状況と各検討会で生起したいくつかの問題について指摘を試みることが、立法過程についての検討上有益ではないかと考える（なお、文末に各検討会の検討内容の一覧表を掲げた）。

(1)　法曹養成制度検討会

〈1〉法曹養成制度検討会[24]は推進計画が定める、①法科大学院、②新たな司法試験、③新たな司法修習、④継続教育および⑤新たな法曹養成制度の円滑な実施に向けた措置について制度設計を行った。

　そして、法科大学院については二〇〇四年四月からの学生の受入れが可能となるよう所要の措置を講ずることとされ、司法試験については法案提出の期限を二〇〇二年末までと予定していた。[26]それは審議会意見が、法科大学院設置について特別に期限を設け、具体的に「平成一六年四月から学生の受入れ開始を目指して整備されるべきである」ことを要求していたからである。[27]

〈2〉同検討会は二〇〇二年一月一一日に第一回会合を開催し、座長に田中成明を選出して新たな法曹養成制度のありかたについての検討を開始した。

これにもとづき二〇〇二年秋の第一五五臨時国会に法科大学院設置と新司法試験に関する二法案が提出され同年一一月二九日に成立した。これが推進本部が司法改革について行った最初の立法である。つづいて二〇〇三年第一五六通常国会で法科大学院教員に裁判官、検察官、その他の公務員を派遣する法案が成立し、二〇〇四年第一六一臨時国会で、司法修習生に対する給費制（給料）を貸与制に改める法案等が成立した。

〈3〉審議会意見は法曹養成の機関としての法科大学院制度について、その設置形態、修業年限、選抜試験、教育内容、教育方法、教員組織に至るまで、また設立手続や第三者評価から法学部教育の将来像に至るまで詳細な提案をし、さらに司法試験と司法修習も引続き存置するものとしてそれらの新たな制度内容を提案しているなどその意見は異例なほど具体的であるので、法曹養成検討会は、意見に盛られた内容を実現すべき具体的、技術的な方策の設計に多くの時間を割いた。そこで、それらの点の論議はさておき、その中で問題となった二点について触れることとする。

① いわゆるバイパスの問題

審議会意見は、法科大学院を法曹養成の「中核をなすもの」と位置づけていながら、他方で「法科大学院を経由しない者にも法曹資格取得のための適切な途を確保すべきである[28]」と述べていた。いわゆる法曹資格のバイパス設定である。

法曹養成検討会では、法科大学院を修了しない者の場合は法曹資格取得の例外的措置であることを明確にすべきだという論議があったものの、新司法試験の受験資格としては法科大学院修了者と予備試験合格者を並列的に列挙することとした。

そのため、後に国会審議段階で、それぞれの合格者を数の上でも同列に扱うべきであるとか、むしろ予備試験合格者が本則であるような議論を生じた[29]。法科大学院の設立数、ひいてはその学生数が当初予想を遥かに上まわったことも、この論議に拍車をかけ、さらには多数の法科大学院修了者をより多数合格させるためには司法試験合格者三〇〇〇人実現を前倒しすべきだという論議に発展した。

② 司法修習生の給費制廃止

審議会意見は司法修習生に対する給与の支給について「そのあり方を検討すべきである」と、中立的な意見に止めていたところ、法曹養成検討会で給費の廃止問題が取り上げられた。

国家試験とそれに伴う専門職養成で、後に国家に奉仕すると限らない場合に国費を伴うものは他に存在しない、との原則論のほか、二〇〇五（平成一七）年度予算編成における財政難を理由とする政府（財務省）の圧力があって、日弁連の抵抗を排除して給費制を廃止し、貸与制を導入するとの検討会取りまとめを結果することとなった。

法曹資格を得るまでの間に、これまでよりも二年または三年の法科大学院履修期間が加重されるほか、その間の学費増加にさらに加えて修習期間の給与が得られなくなることにより、法曹資格取得への経済的なハードルを高くすることとなる。その結果法曹を断念する志望者を確実に生ずることになるのは大きな問題である、と考える。

(2) 法曹制度検討会

〈1〉法曹制度検討会[30]は推進計画が定める、①弁護士制度の改革、②検察官制度の改革、③裁判官制度の改革という広範な分野についての制度設計を行った。

それは審議会意見が①弁護士制度について、弁護士の活動領域の拡大、弁護士へのアクセス拡充、弁護士の執務態勢の強化・専門性の強化、弁護士の国際化、隣接法律専門職種の活用等を求め、②検察官制度について、検察官の資質・能力の向上、検察庁運営への国民参加を求め、③裁判官制度について給源の多様化、多元化、裁判官の任命手続の見直し、裁判官の人事制度の見直し、裁判所運営への国民参加、最高裁裁判官の選任のありかたについての検討を求めている[31]のに対応するものである。

〈2〉同検討会は二〇〇二年二月一四日に第一回会合を開催して、座長に伊藤眞を選出して弁護士制度から検察官制度、裁判官制度の順で検討を開始した。裁判官制度の改革については、別稿「裁判官制度改革過程の検証[32]」でこの検討会についても若干触れているので、以下の記述では裁判官制度改革に関する部分を省略する。

この検討会での検討の結果、弁護士制度改革関連の法案は二〇〇三年一五六通常国会で裁判所法改正一括法案として、二〇〇四年一五九通常国会で弁護士法改正案として、それぞれ成立したほか、日弁連の規程改正や基準制定が行われた。

検察官制度については法改正が行われたものはない。ただし、検察庁運営に対する国民参加の機関は新たに設置されている。

〈3〉弁護士制度の改革は、日弁連と個々の弁護士の自発的な取組みに期待される部分が多く、日弁連は審議会の冒頭での日弁連会長のプレゼンテーション[33]にはじまって、推進法で司法制度改革の責務を負っている立場からも自己改革を行うことを要求されていた。

たとえば弁護士報酬規程の廃止（独禁法上の不公正取引にあたるおそれがあるとされたもの）、弁護士懲戒制度の強化としての綱紀審査会設置、などはこのような自己改革の、法制度への反映である。

① 弁護士資格付与の特例

従来の弁護士資格に加えて、特任検事、国会議員、企業法務従事者のうちの一定範囲の者に弁護士資格付与の特例を与えることが法曹制度検討会で合意され制度化された。

ここで注意しなければならないのは、これは本来の弁護士制度の改革の範疇にははいらず、その他のような面からの司法制度改革とも言いがたく、むしろ改革に便乗したものというべきことである。たとえば司法試験に合格した国会議員が弁護士資格の付与を得たければ司法修習をすれば済むことで、司法修習をしないで済ませる便法を作ることを「改革」とは言い難い。改革「便乗」の試みはその他にも簡裁判事、副検事経験者への簡裁代理人資格の付与（結局は見送りとなった）のように、散見されたから今後とも監視が必要である。

② 弁護士法七二条問題

司法書士、税理士その他の、いわゆる関連士業に対して弁護士法七二条による規制を緩和し、法律業務への参入による弁護士との競業を許容することは、市民に身近な司法の実現の観点から司法制度改革の側面を持っていることは確かである。したがって弁護士会がこのことに関して徒らに拒否的であるべきではないと考えるが、前述の弁護士資格付与の特例と同様に特定業態の利益拡大の側面のあることも否定できない。この問題の関連では、ＡＤＲへの関連士業の参入が、推進本部の廃止にあたって同年一二月一日以後の内閣と法務省の司法制度改革推進体制（いわゆる「ポスト推本」）の課題として掲げられているところである。[34]

③ 綱紀審査会議決の拘束力

日弁連は前述のように、弁護士懲戒についてのチェック機関として綱紀審査会設置を決めたが、その議決には拘束力を持たせないものにして制度設計の効果を自ら弱めようとしていた。全員が市民によって構成される綱紀審査会が弁護士会の結論に対して拘束的な議決をすることは弁護士自治を侵す、というのがその理由であるが、それは「市民のための司法」「市民による司法」の由って来るところを考えない謬論ではなかろうか。専門家集団の行きすぎに対するチェック機能として市民の意思を取り入れようとしていたはずであって、法曹制度検討会が議決に拘束力を認める、としたのは当然である。

(3) 裁判員制度・刑事検討会

〈1〉 裁判員制度・刑事検討会[35]は、推進計画が定める①裁判員制度の導入、②刑事裁判の充実・迅速化、③検察審査会の議決に拘束力を付する制度の導入について検討を行った。

このうち、①の裁判員制度は審議会意見が求める刑事裁判手続への新たな国民参加制度の実現を目指すものであり[36]、②の刑事裁判の充実・迅速化は、具体的には同じく審議会意見が求める新たな準備手続の創設、連日的開廷の確保、直接主義・口頭主義の実質化、証拠開示、訴訟指揮の実効化等を内容としている[37]。そして③は、これもまた「国民の司法参加制度の一つとして重要な意義を有している[38]」と位置づけられた検察審査会を強化し、検察官の公訴権行使に民意を反映させようとするものである。

〈2〉 同検討会は二〇〇二年二月二八日、第一回会合を開催し座長に井上正仁を選出して審議を開始し、会合は二〇〇四年七月まで三二回に及んだ。

この検討会の検討の結果、二〇〇四年一五九通常国会に裁判員法案と刑事訴訟法案改正案が提出され、同年四月二八日に成立した。

〈3〉 裁判への国民参加のあり方をめぐっては、審議会の当初から激しい意見の対立があった。「評決権なき参審制」を唱える最高裁[39]と「陪審制の復活」を主張する日弁連[40]との対立に、それは典型的に示されていたといえる。前者は裁判内容は職業裁判官が決定し、参加する国民は意見を述べるだけだとするものであり、後者は事実認定について職業裁判官の関与を排除しようとするものである。

審議会意見は刑事裁判への「新たな参加制度」として「広く一般の国民が裁判官とともに責任を負担しつつ協働し裁判内容の決定に主体的、実質的に関与することができる新たな制度を導入すべきである」[41]として「裁判員制度」という日本型の国民参加の方法を提案していた。したがって、裁判員制度・刑事検討会での裁判員制度に関する論議の争点は、この、司法への国民参加の色彩を強めるのか、弱めるのか、という点にかかっていた。

① 国民参加の色彩を強めるか、弱めるか、については、審議会の段階から「いつ採決しても否決される」といわれていた[42]ように、委員の色分けははっきりしていて法務・検察は国民参加は不要の立場、最高裁も前述のとおりであって、国民参加を強める立場から陪審制を主張する日弁連の意見を支持する委員は少数に止まっていた。

裁判員制度・刑事検討会の設置に当って、同検討会担当の事務局員がすべて法務省、警察庁および最高裁出身者のみで占められていたのは前述のとおりであったうえ、検討会委員も学者五人（うち法律学者四人）のうち一人は裁判官出身者、弁護士二人のうち一人は検察官出身で、実質は最高裁二人、法務・検察二人、警察庁一人、弁護士一人に学者四人とジャーナリスト一人という構成であった。もっとも元裁判官、元検察官といっても、古巣を代弁するとは限らないのであるが、ことこの検討会に関する限り、そうではなかったといわなければならない。

こうして担当事務局員と検討会委員の人選の段階から司法参加の色彩を抑える方向へのシフトが予め敷かれていたことを立法作業上の課題としてこの際記憶に止めておくべきである。

② 審議会意見が国民と裁判官との「協働」を求めている以上、検討会では従来の主張の繰り返しは

あり得ない。日弁連は「陪審に近い裁判員制度」として裁判員が裁判官の三倍以上となる構成を提唱し、[43] 最高裁は合議を実質的に行うには「コンパクトな裁判体」でなければならないとして裁判官三人に裁判員はせいぜい二人から三人に止めるべきだと主張し始めた。

裁判員制度の制度設計についてはなお裁判員裁判の範囲、評決の方法、被告人による選択、裁判員の選出方法、などの決着の必要な問題を抱えつつも、対立点は裁判体の構成比、つまり裁判官と裁判員の人数の問題に集約されて行った。

検討会での議論は、いってみれば当然のことであるが「コンパクトな裁判体論」が当初から委員の多数を占めた。[44] しかし、少数ではあるが強固な反対論があって取りまとめには至らなかった。

この間、日弁連は二〇〇三年五月三〇日裁判官一人か二人、裁判員は九人以上とするという見解を決定し、また民間の「司法改革国民会議」は裁判官一人、裁判員一一人とすべきだとの意見書を発表した。この意見書には元最高裁長官の矢口洪一が同調していて注目された。[45]

検討会の論議がその当時の国会の解散ぶくみという政治状況も受けてまとまりにくい中、同年一〇月二八日座長の井上正仁が「座長の立場から」の「叩き台」とその説明書を提出した。[46] その主旨は「裁判官三人、裁判員四人（五人ないし六人とすることも考えられるのでなお検討を要する）」というものである。[47] 裁判員の数については留保がつけられてはいたが、検討会の意見はこの段階では裁判官三人、裁判員四人で取りまとめられそうな気配となっていた。

③ 国会での各党派の見解は、大まかに言って自民党が最高裁案支持、民主党・公明党が日弁連案支持であるが、自民党の中にはそもそも裁判員制度つまり国民の司法参加に反対するという意見が強固に

存在し、他方で日弁連案の裁判官二人説支持者も少なくないという状況であった。そこで最高裁と日弁連はいずれも公然と政党と国会議員に対する働きかけを展開し、互いに相手方の案への非難を繰り広げた。

自民党司法制度調査会の小委員会は同年九月に裁判官三人（しかし一人または一人との意見も併記）、裁判員二人ないし六人とするとの中間取りまとめを行った。しかしその後解散総選挙となってそこでの当落によって微妙な意見分布の変化を生じ、選挙後の同年一二月一六日に裁判官二人裁判員四人と、井上叩き台に同調した最終意見をまとめた。

これを承けて自民党と公明党の調整を行うために与党政策責任者会議司法制度改革プロジェクトチーム（以下、与党ＰＴ）が同年一二月一八日から始まったが、主として裁判官を三人とする（自民党）か二人とする（公明党）か、をめぐって協議が難航した。年が明けても与党ＰＴの協議が成立しない間に二〇〇四年通常国会への法案提出を見送る気分が徐々に出てきた。

ここで法案提出が見送りとなっていればおそらく裁判員法案成立への熱意は一挙に冷めて、裁判員制度の実現は難しかったのではないかと思われるが、与党ＰＴとは別に自民党と公明党の間に別ルートの政治的な妥協が図られ、裁判官を三人とする代わりに裁判員を六人とする、裁判官一人と裁判員四人の構成もあり得るものとする、との合意を与党ＰＴで成立させた。危機一髪のところであった。

④　要するに、同検討会は準備室の手で国民参加を弱めるような事務局員と委員配置のシフトを敷いたものの却って議論の硬直化を招き、座長叩き台などという正体不明のものを出したものの取りまとめをすることができず、結局国民参加の立場をより強く押し出した与党ＰＴの合意を丸呑みしてその内容

を裁判員制度骨格案として取り入れることになったのである。検討会の自主性喪失が疑われ兼ねない例である。

⑤　裁判員制度については、あとは裁判員および補充裁判員（以下、裁判員という）の守秘義務の問題だけ取り上げる。

裁判員がその職務上知ったことについて発言することを禁じ、これを刑罰をもって強制することについては、言論・出版界を中心に大きな反対論が出た。検討会では委員の間にも反対意見はあったものの最終的には強い守秘義務を課する案が取りまとめられたのであったが、新聞各紙の論調は守秘義務が残るならば裁判員法は成立しなくてもいいというほどに強硬なもので、それでは「湯水とともに赤子を流してしまう」ようなものだと危惧する日弁連と新聞協会との間に意見調整が試みられたりもした。

この条項については、結局国会審議段階で一定の修正がなされ、刑罰を軽減し、また裁判員であった者についての守秘義務の範囲を狭くすることとなった。

検討会の結論の国会審議段階での修正は、司法制度改革の立法過程全般を通じても珍しい例となった（他に民事訴訟費用法改正案の廃案がある）。

〈4〉裁判員制度・刑事検討会のもう一つの課題は裁判員制度実施の前提としての刑事裁判手続の改革である。

日弁連は二〇〇三年五月三〇日、㋑直接主義・口頭主義に忠実な証拠調（伝聞法則に反する供述調書の禁止）、㋺取調べの可視化（全取調べ過程の録音・録画）、㋩完全な証拠開示と十分な準備期間の確保、

㊁身柄拘束制度（逮捕・勾留・接見・保釈など）の抜本的改革、を制度化することを要求するものとした。[48]これらの日弁連要求は、今度は最高裁側の相当の理解が得られたものの法務・検察および警察庁とその側に立つ委員の激しい反対によって以上の各点のどれ一つとして検討会の結論となり得ない状況であった。

そのため、審議会意見が求めているその他の、公判準備手続、連日的開廷、訴訟指揮権強化、アレインメント等についても議論が進展せず、事務局作成の「刑事裁判の充実・迅速化について」（その一）、同（その二）、同（その二の一部修正）のあと、二〇〇三年一〇月二八日座長井上正仁の叩き台「考えられる刑事裁判の充実・迅速化のための方策の概要について」[49]に至って、ようやく上記㋩の証拠開示の部分が、完全とはいかないがある程度の前進を見ることとなった。

そして、日弁論主張の前記㋑㋺㊁についてはいずれも検討会での結論に至らないまま、推進本部廃止後も法曹三者および警察庁の間で協議を進めることを合意したに止まった。この協議は「司法制度改革に関する協議会」として現実に行われることとなり、重大事件についての検察官取調べ過程の録音や一定の範囲での電話接見などの実現に移されつつある部分もあるけれども、同検討会での制度設計に至らないまま先送りされてしまったのは、結局は検討会としての職責を全うし得なかったものと言わなければならないものであろう。

(4)　公的弁護制度検討会

〈1〉公的弁護制度検討会[50]は、推進計画が定める①被疑者・被告人の公的弁護制度と②少年に対する公的付添人制度の導入についての検討を行った。

このうち①は審議会意見が求める被疑者段階と被告人段階を通じ一貫した弁護体制を整備すること、およびその運営主体は訴訟手続への国民参加を支え得る公正中立な機関であることの実現を目指すもの[51]、②は現行の国選付添人制度以外の場合についても積極的な検討を要求しているのに応えるものである[52]。


〈2〉同検討会は二〇〇二年二月二八日第一回会合を開催し座長に井上正仁を選出して審議を開始し、二〇〇四年七月までに一四回の会合を開いた。

公的弁護等の制度は二〇〇四年第一五九通常国会に提出の刑事訴訟法改正案の中に盛り込まれ、同法は同年四月二八日成立した。


〈3〉公的弁護制度の論点は、その運営主体をどうするか、および対象事件の範囲をどうするか、ということに尽きる。

運営主体については、結局司法支援センターが公的弁護を取扱うとともに法律扶助についても法律扶助協会の機能を吸収することになったので、便宜これらをまとめてここで検討する。
① 公的弁護運営の担い手については、当初法曹三者の間ではそれぞれ自らこれを引き受けることに消極的であるところから、さまざまな案が浮上していた。最高裁と法務省はそれぞれ相手がやるべきだと言い、日弁連は法廷で相手方となるべき検察官をかかえる法務省が運営することには反対であり、かと言って、弁護士会でこれを担うには人的、物的設備に欠けるところから裁判所で運営するのが適当だ

と主張していた。

検討会では独立行政法人としてのリーガルサービスセンター構想が浮上し、日弁連は法人については必ず主務官庁があり、この場合には法務省が監督することになるところから、これを避けるため独立行政委員会（国家行政組織法三条）を提起したが[53]、結局のところ独立行政法人としての「日本司法支援センター」設置に落着いた[54]。

独立行政法人の運営主体としての主体性維持については、検討会で徹底した論議をすべきであったと考えられ、将来に禍根を残すおそれなしとしない。

② 被疑者公的弁護の対象となる事件について、日弁連は全事件について被疑者の請求により弁護人を選任することを提案していたが、制度施行当初は短期一年以上の事件（法定合議事件）、三年経過後は長期三年を越える事件（必要的弁護事件）と段階的かつ限定された事件を対象とすることとなった。

全事件を対象とするのは理想ではあるが、日弁連は自らの力量では実施できないことまでを主張していたのではなかったかと思われ、この結論であってもなお三年後には弁護士と弁護士会には相当の努力が求められることとなるであろう。

(5) 司法アクセス検討会

〈1〉司法アクセス検討会[55]は推進計画が定める①簡易裁判所の機能充実、②裁判所へのアクセスの拡充についての検討を行った。

このうち、①は審議会意見が求める簡裁の事物管轄拡大、少額訴訟の訴額引き上げ等[56]、②は同じく訴訟費用の敗訴者負担、民事法律扶助の拡充、団体訴権制度の導入等[57]に応えるものである。

〈2〉同検討会は二〇〇二年一月三〇日に第一回会合を開催し、座長に高橋宏志を選出して審議を開始し、二〇〇三年一二月二五日までの間に二二回の会合を開いた。

その結果、簡裁の事物管轄拡大と少額訴訟の訴額引上げは裁判所法改正一括法案として二〇〇三年一五六通常国会で、民事法律扶助拡充は綜合法律支援（司法支援センター）法案の一分野として二〇〇四年一五九通常国会で、いずれも成立した。

訴訟費用の敗訴者負担を定める民事訴訟費用法改正案は二〇〇四年一五九通常国会に提出されたが、同年一二月三日廃案となった。司法制度改革立法で不成立となった唯一の法案である。

〈3〉ここでは、簡裁事物管轄拡大と訴訟費用の敗訴者負担に関する経過だけを取上げる。

① 少額訴訟の訴額引上げはともかくとして、簡裁の事物管轄についてはもともと拡大の必要があるかどうかについて司法アクセス検討会でのコンセンサスが得られていない状態であった。すなわち審議会意見は「簡易裁判所の特質を十分に活かし」と「裁判所へのアクセスを容易にする」の二つの理由を挙げているが[58]、それよりも管轄拡張の真の動機としては、さきに決まった司法書士等の簡裁代理権付与に連動するそれら業種の業務範囲拡大の意図が隠されていると見られた。

果たして自民党司法制度調査会や国会審議の中で、検討会の論議と無関係に現行の訴額九〇万円から一二〇万円、一五〇万円、三〇〇万円、はては五〇〇万円と、まるでつかみ金のように金額だけが声高に叫ばれるようになった。これは司法制度改革立法の正しい姿ではない。

審議会意見は一方で「経済指標の動向等を考慮しつつ[59]」と述べており、戦後累次にわたる最高裁側からの管轄拡張提案はすべて地裁と簡裁の負担の不均衡を生じていること、これを是正するには経済諸指標に照らして一定の拡張を妥当とすること、を理由としていた。最高裁はその観点からすると今回はそれほど管轄拡張の必要が強まっているといえないとしていた。

検討会は結局簡裁の訴額の金額についての取りまとめをせず、国会において、いわば政治的な決着として一四〇万円と決められた。

② 弁護費用の敗訴者負担制度は日弁連の反対運動によって廃案となったとされており、それも事実であるが、日弁連は一般に信じられているように敗訴者負担絶対反対であったのではなく、訴訟額型ごとに導入の可否を検討すべきだと唱えていた。

そして、同検討会で訴訟類型ごとの検討が行われているときに二〇〇三年一〇月、突如、事件ごとの当事者の合意による負担の制度が提案され、これが検討会の多くの委員の賛同を得るに至ったものとされた[60]。当事者の合意にかからせるのは一見妥当のようにも見えるが、私的契約や統一約款に盛り込まれた敗訴者負担条項も合意として通用することになって合意とは名ばかりのものとなる危険をはらむので、国会審議に際して日弁連が法案反対で臨んだのは当然のことであろう。この法案は二〇〇四年一五九通常国会で継続審議とされ、同年一六一臨時国会で廃案となった。検討会で論議が未成熟のものをあえて押し通したことの結果であって、今後の反省材料とすべきものであろう。

(6) 行政訴訟検討会

〈1〉行政訴訟検討会[61]は推進計画が定める、司法の行政に対するチェック機能の強化についての検討を行った。

審議会意見が「国民の権利・自由をより実効的に保障する観点から行政訴訟制度を見直す必要がある」と指摘している[62]のに応えるものである。

〈2〉同検討会は二〇〇二年二月一八日第一回会合を開催し、座長に塩野宏を選出して審議を開始したが、審議会意見がその他の部分に比べてきわめて抽象的にしか改革の方向を示していなかったのにも拘らず、二〇〇三年一二月二二日まで三一回の会合を重ねた結果、現行行政訴訟制度についていくつかの改革を盛りこんだ行政訴訟法改正案をまとめ、これが二〇〇四年一五九通常国会で成立した。

〈3〉行政訴訟検討会で法案化が企図されたものには、他に団体訴権、取消訴訟の対象拡大、裁量の審査、訴訟提起印紙額の引下げ、行政側敗訴の場合の弁護士費用敗訴者負担、納税者訴訟、があったが、これらはいずれも法案化が見送られて今回の行政訴訟法改正案の範囲にまとめられたものである（団体訴権は後に単独立法された）。

法案化が限定されたとはいえ、審議会意見が具体的な提案に踏み出せなかったにも拘らず、これだけの立法化を実現し得たのは大きな成果であり、評価に値するとみなければならない。

その要因として次の三点を指摘しておく。

第一に、行政訴訟の実情を明らかにし、著名行政訴訟事件の帰趨を決定した原因を示して行政訴訟改革案を先行的に公表し、検討会の注意を喚起したのは日弁連の功績であるが、現行行政訴訟制度の欠陥をもっともよく知る立場上、当然のことであろう。

第二に、自民党内に「国民と行政の関係を考える若手の会」が生まれて活動したのは他に余り類例を見ない。法案取りまとめの与党合意に大きく寄与した。

第三に、同検討会座長の塩野宏は穏健な姿勢を保ちながらも、改革の必要性を理解し法案取りまとめに指導性を発揮した。日弁連推薦の水野武夫が積極的に動いたのはむしろ当然のことであるが、最高裁推薦の市村陽典は、当初現行の行政訴訟制度を擁護する姿勢を取っていたのを改め、改革に向けて積極的な立場をとるに至った。現職裁判官がそのように動いたことは大きく作用した。福井秀夫は司法制度改革国民会議のメンバーとしても活動しており、検討会でも最も積極的に改革を訴えた一人である。これら検討会委員の問題意識の鋭さと積極的な行動が法案取りまとめを可能にしたことは否定できない。

これらの諸要素が相まって検討会が審議会を越えた数少ない例を生み出したのである。

(7) 労働検討会

〈1〉労働検討会[63]は推進計画が定める、労働関係事件への総合的な対応強化についての検討を行った。

審議会意見が①労働裁判の充実・迅速化、②労働調停の導入、③労働委員会の救済命令に対する司法審査の検討、を求めていた[64]のに対応するものである。

〈2〉同委員会は二〇〇二年二月一二日第一回会合を開催し、座長に菅野和夫を選出して審議を開始し二〇〇三年一二月一九日まで三二回の検討の結果、上記②について国民参加による労働審判制度を内容とする労働審判法案をまとめ、これが二〇〇四年一五九回通常国会で成立した。

〈3〉労働検討会は、労働関係事件の多くの課題について改革案をまとめるに至らなかったが、解雇や賃金不払などの個別労働事件について職業裁判官のほか労使双方の労働審判員が関与した国民参加の一方法としての労働審判を導入するとの結論を取りまとめた。

審議会意見が、労働調停の導入は求めていたが労働参審は導入の当否検討レベルに止めていたのを、一歩進めるものであった。

この検討会のみ、日弁連が推薦する弁護士二人が入り、そしてそれがそれぞれ労働者側と使用者側に立ちつつ現状の問題を痛切に感じ取りよく意思疎通を図って制度改革を合意しあったこと、同様のことが労働者の立場に立つ髙木剛と使用者側に立つ矢野弘典の間にも存在したことが、労使紛争解決の方法に国民参加の契機を持ち込むに至らせたものであるというべきであろう。

(8) ADR検討会ほか

その余の検討会については、それぞれ重要ではあるが、比較的問題が少なく、また技術的色彩のつよい分野であるので、個別の検討を省略する。

ADR検討会での検討の結果、裁判外紛争解決促進法が二〇〇四年三月に成立した。

仲裁検討会での検討の結果、仲裁法が二〇〇三年三月に成立した。
知的財産訴訟検討会での検討の結果、知財高裁設置法が二〇〇四年三月に成立した。
国際化検討会での検討の結果、外国法事務弁護士、外国弁護士に関する制度整備が裁判所法改正一括法に盛込まれた。

7 結び

審議会意見書に盛り込まれた幾多の司法制度改革の提案は、立法段階での作業が行政官僚の手に掌握されることにより、停滞しあるいは骨抜きになるのではないか、という危惧は確かにあった。

しかし、二〇〇三年を中心に行われた数多くの改革立法は、人によってさまざまの評価はあり得ると思うが、私は批判すべき点は数々あるものの、全体として見れば審議会意見の相当部分を吸収したすぐれた立法となり得たと考える。これを成果と呼び得るとすれば、その成果の由って来るところは、第一に立法作業の体制づくり、第二に検討会という準第三者組織による制度設計、の二つに集約されるといってよい。もし、これらの仕組みがなければ司法制度改革立法が、果たしてどのレベルのものを達成できるのか、甚だ心許ないものであった、というのが率直なところである。

まず改革を行うに当って各界の意見—国民の意思、反映のための努力が行われ、不十分ではあったが準備室メンバー、事務局メンバー、検討会委員のそれぞれに官僚出身者でないスタッフを配置することができたこと、また制度設計過程の公開と透明化および顧問会議を設置したこと、によって立法段階の密室化に歯止めをかけた。立法作業は政府部内で行政組織の手で、つまり密室の中で行うのが当り前という、従来のいわば常識に穴をあけたことは、司法制度改革の立法段階を、通常の立法過程に比べて格段に国民にとって風通しの良いものにした。

そして検討会というオープンな場での制度設計および立法論議が、本文で指摘したようなさまざまの問題をはらみ、失策を犯しながらも辛うじて本来の改革への志向を持って制度改革の立法作業を支えるものとなった。検討会によっては、自らの手で決着することができずに国会審議に委ねたもの（簡裁事物管轄の拡張範囲）、政党レベルに調整を委ねたもの（裁判員裁判体の構成）、推進本部後の検討に委ねたもの（刑事司法改革）などがある一方、審議会意見を越えた内容を盛りこんだ立法案に至ったもの（行政訴訟、労働審判制）もあったが、いずれの場合についても確かに言えることは、検討会がなければそれらのいずれの場合にしても改革立法は現状を変えることについてはなるべく小幅に、かつ消極なものに落ちついたのではないかとみられることである。

その意味で、この、いわば国民監視と国民参加を取り入れた司法制度改革の立法作業は、新しい形の民主的な立法手続を創造したものと評価することができるであろう。

註

（1） 司法制度改革審議会意見書　一一五頁。

（2） 松永邦男「司法制度改革推進法・裁判の迅速化に関する法律」（「司法制度改革概説1」商事法務）一七〇頁。

(3) 参事官八人の出身は、法務省四人、最高裁、日弁連、総務省、経産省、各一人。
参事官補佐は、法務省七人、最高裁三人、日弁連、国税庁、文科省、特許庁、警察庁、各一人。

主査は、法務省三人、最高裁二人、農水省、文科省、人事院、厚労省、警察庁、各一人。

(4) 二〇〇一年八月二八日付日弁連会長の小泉内閣総理大臣宛「要望書」。

(5) 顧問会議のメンバーは次のとおりである。
今井　敬（経団連会長）
大宅　映子（評論家）
奥島　孝康（早稲田大学総長）
小島　明（日経論説顧問）
佐々木　毅（東京大学総長）
笹森　清（連合会長）
佐藤　幸治（近畿大学法科大学院長）
志村　尚子（津田塾大学学長）

(6) 二〇〇一年一〇月二六日　衆議院法務委員会決議。

(7) 二〇〇一年一一月八日　参議院法務委員会決議。

(8) 顧問会議　二〇〇二年一月一八日　第一回議事録。

(9) 拙稿「司法制度改革の史的検討序説」（東京経済大学「現代法学」一〇号）七〇頁（本書一三一頁以下に収録）。

(10) 四条の原案は三条とおなじく「責務」であったのが「努める」に、「必要な措置を行う」であったのが「必要な取組みを行う」に変更された。いずれも日弁連の働きかけによるものであるが、無用なことであったと言わなければならない。

(11) 二〇〇一年九月二二日自由法曹団「司法制度改革推進法案に対する声明」。

(12) 松永　前掲二〇六頁。

(13) 「日本弁護士連合会司法制度改革推進計画――さらに身近で信頼される弁護士をめざして」。

(14) 「司法制度改革推進計画要綱――着実な改革推進のためのプログラム」。

(15) 前掲　日弁連要望書。

(16) 刑事司法における治安立法ラッシュは裁判員・刑事検討会が終わってからである。

(17) 前掲　日弁連要望書。

(18) 拙稿「司法制度改革の新しい段階」（日弁連「市民の司法改革」二〇〇二年三月号）。

(19) 二〇〇二年秋の臨時国会でまず法科大学院関連三法案が成立した。

(20) 拙稿「裁判官制度改革過程の検証」（東京経済大学「現代法学」九号）九三頁　なお、この中で、推進計画が裁判官制度改革についてのみ「最高裁の検討をまって」という限定をつけたと述べた（とくに一二三頁、註7）が、弁護士制度改革についても「日弁連の検討をまって」としているので、ここで訂正しておく。

(21) 検察官枠には、検事の身分で法務省、法務総合研究所等に在勤する者六人を含む。因みに、裁判官の委員には最高裁事務総局その他の司法行政職にある者は一人もいない。

(22) 顕名とした検討会――労働、ＡＤＲ、行政、国際化、法曹制度　非顕名とした検討会――法曹養成、司法アクセス、仲裁、裁判員・刑事、公的弁護。

(23) 前内閣官房副長官　古川貞二郎の発言（日弁連『司法改革調査室報』三号一〇頁）。

(24) 法曹養成検討会の委員は次のとおり。

井上　正仁（東京大学教授）
今田　幸子（日本労働研究機構統括研究員）
加藤新太郎（司法研修所教官・判事）
川野辺充子（東京高等検察庁検事）
川端　和治（弁護士）
木村　孟（元東京工業大学学長、大学評価・学位授与機構長）
田中　成明（京都大学教授）
ダニエル・フット（東京大学教授）
永井　和之（中央大学法学部長）
牧野　和夫（国士舘大学助教授、テンプル大学ロースクール準教授）
諸石　光熙（住友化学工業㈱専務取締役）

(25) 推進計画Ⅲ、第2の1。
(26) 推進計画Ⅲ、第2の2。
(27) 審議会意見書　六一頁。
(28) 審議会意見書　七二頁。
(29) 国会審議の雰囲気について　二〇〇二年六月一六日　日経新聞朝刊「司法改革、調整が難航」とする記事。
(30) 法曹制度検討会の委員は次のとおり。
伊藤　眞（東京大学教授）
岡田ヒロミ（消費生活専門相談員）
奥野　正寛（東京大学教授）

小貫　芳信　（法務総合研究所総務企画部長）
釜田　泰介　（同志社大学教授）
木村　利人　（早稲田大学教授）
佐々木茂美　（大阪地方裁判所判事）
田中　成明　（京都大学教授）
中川　英彦　（住商リース㈱取締役副社長）
平山　正剛　（弁護士）
松尾　龍彦　（評論家）

(31)　審議会意見書　七八頁以下。
(32)　註(20)の前掲拙稿一一八頁。
(33)　一九九九年一二月八日　第八回審議会議事録。
(34)　二〇〇四年一一月二六日司法制度改革推進本部決定「今後の司法制度改革の推進について」。
(35)　裁判員制度・刑事検討会の委員は次のとおり。

池田　　修　（東京地方裁判所判事）
井上　正仁　（東京大学教授）
大出　良知　（九州大学教授）
清原　慶子　（東京工科大学教授）
酒巻　　匡　（上智大学教授）
四宮　　啓　（弁護士）
高井　康行　（弁護士）

土屋　美明（共同通信社論説委員）
中井　憲治（最高検察庁検事）
平良木登規男（慶應義塾大学教授）
廣畑　史朗（警察庁刑事局刑事企画課長）

(36) 審議会意見書　一〇二頁。

(37) 同上　四二頁。

(38) 同上　四八頁。

(39) 最高裁事務総長のプレゼンテーション　一九九九年一二月八日第八回審議会議事録。

(40) 一九九九年一一月　日弁連「司法改革実現に向けての基本的提言」。

(41) 審議会意見書　一〇二頁。

(42) 註（9）の前掲拙稿七八頁の中坊委員の発言。

(43) 二〇〇二年八月二三日　日弁連「裁判員制度の具体的設計にあたっての日弁連の基本方針」。

(44) 二〇〇二年六月一二日　読売新聞朝刊、同月一一日の検討会の記事「コンパクトな会議体が望ましいとの意見が大勢を占めた」。

(45) 矢口洪一「国民が担う司法を目指して」二〇〇二年一一月一三日　読売新聞朝刊。

(46) 座長井上正仁「考えられる裁判員制度の概要について」および「考えられる裁判員制度の概要について」の説明。

(47) シンポジウム「裁判員制度の導入と刑事司法」（ジュリスト二〇〇四年一一月一五日号）の中に、この間の事情に関する井上正仁の説明がある（七八頁以下）。

(48) 二〇〇三年五月三〇日　日弁連理事会決議。

(49) 辻裕教「裁判員法・刑事訴訟法」(「司法制度改革概説6」商事法務)七頁以下。

(50) 公的弁護制度検討会の委員は次のとおり。

池田　修　(東京地方裁判所判事)
井上　正仁　(東京大学教授)
浦　功　(弁護士)
大出　良知　(九州大学教授)
清原　慶子　(東京工科大学教授)
酒巻　匡　(上智大学教授)
高井　康行　(弁護士)
土屋　美明　(共同通信社論説委員)
中井　憲治　(最高検察庁検事)
平良木登規男　(慶應義塾大学教授)
廣畑　史朗　(警察庁刑事局刑事企画課長)

(51) 審議会意見書　四六頁。

(52) 同上　四八頁。

(53) 二〇〇二年六月二九日第五回検討会議事録。

(54) 二〇〇三年一〇月三日第一二回検討会議事録。

(55) 司法アクセス検討会の委員は次のとおり。

亀井　時子　(弁護士)
高橋　宏志　(東京大学教授)

竹内佐和子　（東京大学助教授）
西川　元啓　（新日本製鐵㈱常務取締役）
長谷川逸子　（建築家）
長谷部由起子　（学習院大学教授）
原田　晃治　（法務省民事局民事法制管理官）
飛田恵理子　（東京都地域婦人団体連盟専門委員）
藤原まり子　（㈱博報堂生活総合研究所客員研究員）
三輪　和雄　（東京地方裁判所判事）
山本　克己　（京都大学教授）

(56) 審議会意見書　二五頁以下。
(57) 同上　二八頁以下。
(58) 同上　二五頁。
(59) 同上　二五頁。
(60) 小林久起・江藤昌昭『民訴費用法・仲裁法』（司法制度改革概説8・商事法務）三六頁。
(61) 行政訴訟検討会の委員は次のとおり。

市村　陽典　（東京地方裁判所判事）
小池　信行　（法務省大臣官房審議官）
小早川光郎　（東京大学教授）
塩野　宏　（東亜大学教授）
芝池　義一　（京都大学教授）

芝原　靖典　㈱三菱総合研究所社会システム研究本部長）
成川　秀明　（日本労働組合総連合会総合政策局長）
萩原　清子　（東京都立大学教授）
福井　秀夫　（政策研究大学院大学教授）
福井　良次　（総務省大臣官房審議官）
水野　武夫　（弁護士）

(62)　審議会意見書　三四頁。

(63)　労働検討会の委員は次のとおり。

石嵜　信憲　（弁護士）
鵜飼　良昭　（弁護士）
岡崎　淳一　（厚生労働省労政担当参事官）
春日偉知郎　（筑波大学教授）
菅野　和夫　（東京大学教授）
後藤　　博　（法務省民事局商事課長）
髙木　　剛　（日本労働組合総連合会副会長）
村中　孝史　（京都大学教授）
矢野　弘典　（日本経営者団体連盟常務理事）
山川　隆一　（筑波大学教授）
山口　幸雄　（東京地方裁判所判事）

(64)　審議会意見書　二二頁。

検討会の作業一覧

	検討会	座　長	担当分野	立案された法令	制定時期
1	法曹養成検討会	田中成明	法科大学院、新司法試験、新司法修習	法科大学院法、学校教育法改正、新司法試験法	2002.11 〃
2	法曹制度検討会	伊藤　眞	弁護士制度、検察官制度、裁判官制度、の改革	裁判所法改正法一括法弁護士法改正 最高裁規則制定（裁判官指名、裁判官人事評価、裁判所委員会） 日弁連規程、基準制定	2003.7 2004.3 2003 ～2004 2003 ～2004
3	裁判員制度・刑事検討会	井上正仁	裁判員制度、刑事裁判充実、検察審査会強化	裁判員法、刑事訴訟法改正 検察審査会法改正	2004.5
4	公的弁護制度検討会	井上正仁	被疑者国選弁護制度 被告人国選弁護制度	刑事訴訟法改正 総合法律支援法	2004.5 2004.5
5	司法アクセス検討会	高橋宏志	裁判所へのアクセス拡充（法律扶助拡大、訴訟費用敗訴者負担） 簡裁の機能充実	総合法律支援法 民事訴訟費用法改正 裁判所法改正	2004.5 廃案 (2004.12) 2003.7
6	行政訴訟検討会	塩野　宏	行政に対するチェック強化	行政訴訟法改正	2004.6
7	労働検討会	菅野和夫	労働関係事件への対応強化	労働審判法	2004.4
8	ADR検討会	青山善充	裁判外紛争解決手段の拡充	裁判外紛争解決促進法	2004.6
9	仲裁検討会	青山善充	仲裁法制整備	仲裁法改正	2003.7
10	知的財産訴訟検討会	伊藤　眞	知的財産訴訟の充実	知財高裁設置法	2004.6
11	国際化検討会	柏木　昇	司法の国際化への対応	弁護士法改正、等	2003.7

第4部

あらためて司法の現状について考える

第1部から第3部までは、主として一九七一年度末に行われた再任拒否（いわゆる「司法の危機」）の経緯を振り返るとともに、そのような事態を引き起こした司法の改革を目指し、二一世紀初頭に実現した司法制度改革までの経緯と改革の意義について検討してきた。第4部では、最後にいくらか視野を広げ、第1部から第3部までは必ずしも言及できていない範囲での司法をめぐる状況について可能な検討を行っておきたい。具体的には、「司法の危機」に遭遇するまでの司法の体験的実情、再任拒否をめぐる周辺事情、司法制度改革後の司法の状況、そして今後の課題といった点である。（大出良知）

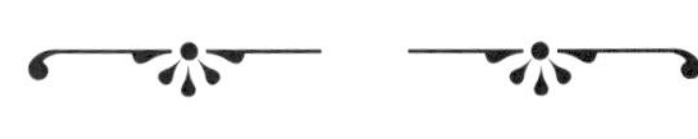

第1章

目指した裁判官像と現実

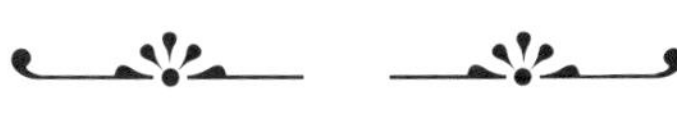

1　裁判官志望の基底にあったもの

大出　再任拒否の経緯のところから話を始めたということもありまして、その直前の状況については伺っていましたが、それ以前の裁判所の状況はどうだったのか、ということの確認から始めたいのですが、その前提として、宮本さん自身は、当時の裁判所についてどのようなイメージをもたれ、裁判官を志望されたのですか。

宮本　なぜ裁判官になりたかったかと言うと、独立した仕事ができるということ。誰からも命令を受けないで仕事ができるということで裁判官はいいなと思ったのです。

大出　そう思ったというのは、何か具体的にそういうイメージを作る材料があったわけでしょう。

宮本　かなり遡りますが、私は中学校の一年生のころに、滝川幸辰の『刑法講話』とか、宮澤俊義の『憲法大意』といったものを学校で読んでいたのです。私は引き揚げで父親がいなくて、祖父の家に厄介になっていたのですが、祖父は農地解放が行われたのに半分小作人で、そういうところに世話になったから、小学校、中学校を通じて本を買ってもらったのは一冊しかない。本が読みたくても本がないので、中学に入って図書部に入ったわけです。図書部に入ったら本が読めると思って。そこにそういう本があった。それから尾高朝雄の『法の窮極に在るもの』。これは難しかったけど、そういう本を読んだり、あとは横田喜三郎の『戦争の放棄』ね。これは読みやすかった、そういうものを読んでいた。それで法律というのはなかなか面白いものというのは土台にありましたね。

大出　それで裁判官になることになったわけですね。

宮本　私は福岡修習なのだけれども、現地修習中に六〇年安保にぶつかり、三井三池の大争議にぶつかって、一時期、裁判官になろうという気持ちが揺らぐ時期があるのです。裁判官というのは法律に書いてあるものをそのまま適用するだけで、悪法も法なりで、結局、世の中のためにあまり役に立たないのではないかと思って、一時期、弁護士に宗旨替えしようとしたことがあるのです。ところが、そのときに渡辺洋三さんの『法社会学と法解釈学』という本にぶつかった。そこには法の解釈は実践活動なのだということが書いてあった。法の解釈というのは、法律とはこうですという確認作業ではなくて、「私は法律をどういうふうに考えるか」という実践なのだとあって、それだったら裁判官でもやれるのではないかと思って、そこでまた戻ったのです。それで裁判官に任官して福岡に行ったわけです。

■2 任官しての違和感

大出 あらためて確認ですが、一三期というと何年の任官になりますか。

宮本 一九六一年ですね。

大出 そのときに、裁判所が、考えられていたような仕事をする場としてふさわしいところだと思われましたか。裁判所自体の雰囲気というのは、一般的にそういう認識があったかどうかはともかくとして、事情通のあいだでは、その頃には裁判所の雰囲気が変わり始めていたと言われていますね。社会状況としては、まさに再軍備から始まって、青法協はもちろんそれとの関係でできてくるわけですが、裁判所内部では、最初のきっかけとなったのが、一九五一年の長官・所長への裁判官会議の権限の委譲ですね。それに引き続いて一九五五年には総括裁判官の推薦権限が長官・所長に移っていくという問題がありました。そういうことが裁判所の中で状況として感じられることがあったということになるのですか。

宮本 いま言われたようなことがだんだん分かってきました。一番顕著だったのは、司法修習生のときに福岡地裁の人事課に私の後輩で、職員として就職した人がいたのですが、彼から話を聞いたわけです。実は裁判官にも勤務評定があるんですよと言うのです。あの当時、教員の勤務評定、勤評反対闘争があって、ちょうどそれと同じ時期です。そのときに、一般にはあまり知られていないが、裁判官考課が実施されることになりました。それで彼が、「所長がこの人は素晴らしく仕事ができるから次の任地は希望どおりにしてくれとか、そんなことを書いているんですよ」と教えてくれたわけです。制度上は、所長というのは裁判官会議の主宰者であって、裁判官の上に立つ者とか、裁判官に対して命令をしたり、指揮をしたりする人間ではないはずなのに、そういう体制ができている。それから、いま言われた裁判長の選挙制の廃止もそうです。福岡ではすでに実施されていました。大阪地裁はかなり後まで残っていました。

大出　大阪地裁の場合、裁判官会議の権限を所長に委譲するのも最後の最後ですよね。

宮本　裁判部の部総括（裁判長）の選挙もかなり後まで残っていました。

大出　そのような動きと並行して田中耕太郎最高裁長官の「雑音に耳をかすな」式の裁判批判に対する裁判所の頑なな姿勢というのも問題になりましたね。

宮本　あれはいつでしたかね。松川事件ですか。

大出　直接のきっかけは、広津和郎の松川事件判決批判の中央公論の連載と、八海事件の正木ひろしの『裁判官』という本の出版でしょ。一九五五年のことですが、そのすぐ後に裁判長の選挙制の廃止の動きが出てきます。

第2章

司法民主化への胎動

1　裁判官の独立へ向けて

宮本　そういうことがあって、それを何とかしなきゃいけないということになってきた。つまり、司法に民主主義をもう一度取り戻そうという動きが出てきますよね。その一つが、これは福岡の場合だけれども、権限委譲は別として、裁判官会議をとにかく数多く開こうということで、毎月開くという動きが出てきました。

大出　それは裁判官になってからですか。

宮本　なってからです。

大出　裁判官になったときには、裁判官会議は毎月やられていなかった。

宮本　年二回です。

大出　議事の具体的な中身というのはどういう状況でしたか。

宮本　まるっきり中身は何もなかった。裁判官の配置を来年はどうしましょうかとか、つまり、裁判官会議の権限として、非常に数少ないけれども、残っていることについて形式的に処理していくというだけで、あとは温泉場でどんちゃん騒ぎをして終わりだった。

大出　それで裁判官会議の権限行使は常置委員会がやっていた。

宮本　そうです。これについては一言触れなければいけないのですが、常置委員も多くのところはポスト制でした。部総括は常置委員とか、まだ地裁支部に甲号と乙号があったときで、甲号支部の支部長は常置委員というように決まっていました。それを選挙制にしようということを、福岡でもやりました。判事補を入れるということもやった。判事補は裁判官会議の構成員ではないので、常置委員会の構成員から外されていました。

大出　判事補は裁判官会議の構成員ではなかったわけですか。オブザーバー参加も認められていなかったのですか。

宮本　オブザーバー参加はしていました。

大出　つまり、議決権がなかったということね。

宮本　それを、判事補代表を常置委員会に入れろということで、それを実現した。これは福岡でも実現したし、東京でもやりました。

大出　それはいつごろからですか。一九六一年に任官したときにはどうだったのですか。

宮本　任官したときには当たり前のようにポスト制、任命制の常置委員会でした。

大出　すでに形骸化していたわけですね。そのあたりから巻き返しをするというか、本来の裁判官会議の権限を行使できるような体制をつくるということで動き始めたということですね。裁判官会議を毎月開くという件はどうなりましたか。

宮本　福岡では、具体的には小倉支部にいた、後で司法制度改革審議会の委員になる藤田耕三さんなんかが判事補で頑張っていて、月例化の提案をしたりしていました。結局つぶされたのですけれどね。当時の判事補たちの改革要求ということでは、今言った裁判官会議を月に一回開けというのと、常置委員を選挙にしろというのと、この二つが中心でした。

2　青法協裁判官の活動の実情

大出　その中心が青法協関係者ということになっていたのですか。

宮本　その当時は青法協だから会員が頑張るとか、そうでない人はおとなしくするとか、そういうことはなかったですね。わりと当たり前に青法協会員が裁判所の中にいたからね。その当時で半分ぐらいかな。

大出　一三期あたりで、青法協会員は何人ぐらいいたということでしたかね。

宮本　一九六二年、任官の翌年に全体で八八人。一九六四年には一三〇人ですね。

大出　二年で、一気に五〇人ぐらい増えたということですね。その後、期によってはほとんど半分ぐらいが青法協に入っていたといわれていますが。そして若手の判事補のあいだで裁判官会議の自主的な権限強化ということを目指す。裁判所はそういうことで権限を行使できるような状態にしないと、裁判官自身の独立の問題もありますし、いけないということでしょうね。

宮本　青法協会員裁判官がＪＪ会ということで独自の活動を始めるのはそのころです。

大出　それはどういう性格のものだったのですか。青法協はその当時はまだ裁判官と弁護士と研究者と修習生が一緒に活動する体制だったわけでしょう。その中から裁判官が独自に何か活動を始めることになったということですか。

宮本　一九六四年ころから独自の活動を始めるようになって、裁判官部会をつくろうということになった。それまでは会員裁判官は青法協会員として活動するというよりも、判事補たちみんなに呼びかけて、判事補たちが一緒に司法行政について発言するということのほうが多かったと思う。

大出　そうすると、そのＪＪ会というのは、青法協会員の裁判官たちが、できればみんなで一緒に行動しようということで始めた組織的な動きであることは間違いないわけですね。

宮本　そうです。

大出　東京ＪＪ会という言い方をしていたこともあるみたいですけど。

宮本　私は、初任が福岡で、その後長岡支部へ行き、長岡から東京へ移ったということですが、裁判官部会というのは、当初は東京中心だったから、福岡とか長岡はあまり関係なかったですね。

大出　それで東京JJ会と言っていたのかもしれませんね。
宮本　長岡に行ってから福島さんが柏崎に来るのですけれど、そのときに彼が『篝火』（かがりび）の初代編集長で、彼から東京でこういう活動が始まっているということを聞いて知ったぐらいですからね。
大出　それまでは全国的に何か連携しながらということもなかったわけですね。それぞれのところで、青法協会員と言うかどうかはともかくとして、若手判事補が裁判の独立というか、司法権の独立を守るような活動をしようということで動き始めていたということですね。青法協の活動として機関誌の『篝火』を出すといったことのほかに全体としてどのような活動をされていたのですか。
宮本　東京に移ってからですけど、例会を月一回やっていました。それは外部講師を呼んで、研究会みたいな形だった。私なんかがやったのでは、『デスク日記』を書いた、ペンネームを小和田次郎という共同通信の記者で、後に共同通信の社長になった原寿雄さんを招いて話を聞いたこととか、そういう例会活動と、あとは研究会です。研究会は、一つは令状研究会で、あとは若手が裁判問題研究会（裁問研）というのをやっていた。これはそれぞれ自主的な研究会でした。
大出　各地でそれぞれやっていたということですね。
宮本　裁判官部会の運営機関として世話人会があって、これがだいたい五、六人で、あとは連絡委員会といって、各期から一人か二人出していました。
大出　各期から出て、全体として機能していたということですね。
宮本　そういう形で運営していたわけです。
大出　一九六一年に任官したとすると、六〇年代はだいたいそういう活動をされていたということになるのですかね。

宮本　六〇年代はそうですね。

大出　平賀書簡が問題になるまでに、青法協の裁判官部会として、最高裁からとくににらまれるとか、そういうようなことで何か動きがあったということは記憶にあるのですか。

宮本　そんなことはありませんでしたよ。後に最高裁判事になる戸田弘とか岸盛一といった人たちも研究会などに顔を出していましたから。平賀書簡の問題だって、こちらから問題を起こしたわけじゃなくて、向こうが仕掛けてきた話ですからね。

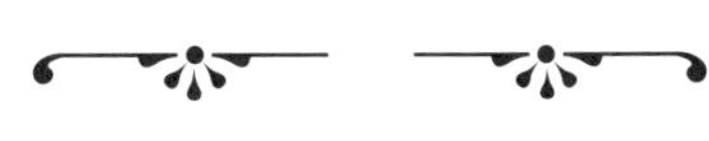

第3章

裁判所をめぐる状況の変化

1　平賀書簡問題をめぐって

大出　平賀書簡の問題が発生した際のことを、あらためて伺っておきたいと思います。

宮本　記憶にあるのは平賀書簡の第一報で、これが来たときは、連絡委員会でそれを検討して、最終的には全体会議を開いて平賀書簡に東京ＪＪ会はどう対応するかという結論を出して、それを福島重雄さんに送り届けました。

大出　その当時世話人をやっておられたということですが、世話人は、全国から出ていたわけですか。

宮本　いや、東京だけです。

大出　東京の判事補クラスが世話人をやっていたということですか。

宮本　そうです。

大出　その判事補クラスの世話人のあいだで相談をして、福島さんには具体的には何と言ったのですか。

宮本　私は個人として福島さんに、これは裁判干渉であり、平賀書簡は断固公表すべきだということをまず言って、東京ＪＪの世話人会としても同じ結論で、福島さんを応援するから頑張れということを言ったと思います。同じようなことは各地の青法協の裁判官部会の集まりで、あちこちでやっていたと思います。

大出　向こうから仕掛けてきたことだという話がありましたが、そのような対応以上には方法がなかったということでしょうね。

宮本　福島さんに筋を通してもらいたいということで、福島さんに対してもこちらの意向は伝えたし、福島さんには北海道の青法協裁判官の人たちとも、ちゃんと相談してやりなさいよという連絡はしていたと思います。

大出　さっきのお話では平賀書簡は断固公表すべきだと言われたわけですよね。それで、最終的には公表されたことになっているわけですが、その公表の経緯というのは、今から考えてみて、ああいうことで事態が動いていったというのは、最初の段階で予測していたのか。やり方としてどうだったのか。そこらへんはどうですか。今の段階では、平賀書簡自体は誰が最初に出したのかも分からないわけですよね。いわば朝日新聞のスクープという形だったのですか。

宮本　九月一五日の「朝日」と「共同」ね。

大出　これについて、公表すべきだという立場で考えていたことからしても、イレギュラーな形で表に出たということですよね。

宮本　それはまったくイレギュラーでした。その当時の一番望ましい展開は、福島さんがこういうものが自分のところに送りつけられてきているということで抗議の公表をするということでした。だから、マスコミにまず渡って、そこから出たというのは想定外だったし、それに先立って弾劾されるべき所長が言ってしまったということも想定外だった。

大出　当事者としては、平賀さんがＮＨＫにしゃべったのが最初でしょう。九月一四日の夕方でしたか。

宮本　九月一四日の夜ＮＨＫニュースで認めた。本人が言ったのだから、もう公表してもいいじゃないかという感じで、福島さんが出すハードルは低くなったなと思っていました。

大出　そういうことでいくと、事態はあれよあれよという間に動いたということになるのではないですか。

宮本　先にメディアに出されたにしても、結果として札幌の裁判官会議として公表したのだから、公表の問題はこれでよかったと思ったし、一方で平賀さんに対しては、厳重注意の処分がされて所長を解任されるし、これは当然のことだという受け止め方です。ということで、すでに話していることでもありますが、裁判所の内部としても、福島さんの対応としても、それで一応終わりだと思っていました。ですから、その後の犯人探しとか、平賀が悪いのではなくて福島が悪いのだという大合唱とか、これはまったく想定していないことで、これが向こうから仕掛けられたことですよね。

大出　予測を超えていたということでしょうね。

■2　裁判官をめぐる環境

大出　平賀書簡問題以外に、再任拒否との関係で取りざたされたことに、東大裁判の問題がありますね。青法協自体はこの問題について何か対応するということをしていたのでしょうか。

宮本　それはまったくしていなかった。そもそも、関わっていた会員が少なかったですから。

大出　それ以外のことで、裁判官としてとくに気になって、対応を迫られたということはありますか。

宮本　それはいっぱいありますよ。

大出　とくに今、記憶として言っておいたほうがいいということがありますか。

宮本　東大事件を含む学生事件を念頭に置いてだけれども、いろいろなことがありました。たとえば庁舎管理規程が制定される。

大出　庁舎管理規程が制定されるのは、一九六八年ですね。

宮本　だいたい時期が前後しますが、法廷の入口に傍聴心得を掲示するという問題。警備員の配置の一環で警察官を警備員として雇い入れるということもあった。職員として採用するということで、東京でも福岡でもやって大問題になった。

大出　出向じゃなくて。

宮本　出向じゃない。警察官の退職組を採用するんですよ。それから裁判所の入口に柵を設けるということね。裁判所に、今は、柵は当たり前みたいにあるでしょう。その当時までは柵なんかなかった。

大出　それぞれに、裁判官部会として対応していたということですか。

宮本　それに対する対応は、青法協の裁判官部会としてやったというよりも、判事補会としてやったほうが多かったですね。裁判官全体の問題として取り上げていたわけね。

大出　若手でそれを危惧していた人たちが問題提起をして、いろいろと議論としたということですかね。

宮本　刑事の判事補会からの提案とか、民事の判事補会からの提案という形でやっていったわけです。

大出　若手が全体としてその力をつけてきていたということでしょうか。

宮本　その当時は、判事補会はかなり強かった。その一つの例として、勾留問題があります。勾留について代用監獄勾留をやめようじゃないかという動きが裁判官の間で出てきていて、代用監獄とはどういうものか、一度調査に行こうということで、それを裁判官会議に提案して、結局、東京の刑事部では、所長代行や総括も含めて全員で手分けして東京都内の全警察署に調査に行きました。

大出　六〇年代の末あたりですか。

宮本　一九六八年か九年だったと思います。

大出　判決の動向としては、そのころ全逓中郵事件とか、都教組事件とか、公安条例違憲判決とか、いろいろありましたよね。その最高裁レベルでの判決の動きへの政権の危機感から司法の危機につながっていったのではないかということもすでに伺っている話ですが。

宮本　そのような動きとの関連はハッキリしませんけど、内部的には、司法の危機の予兆みたいなこともありましたね。まだ青法協裁判官部会をターゲットにしての動きというよりは、先ほど触れた判事補会などの動きを気にしていた上層部の人たちがいたということだと思いますが、所長代行に鈴木悦郎さんと私が呼ばれたりしました。判事補会でそういった物議を醸すようなことをやって、それを問題にして提案するなんていうことは鈴木と宮本がやったのだと告げ口した人がいたようでね。

大出　具体的にいつのことですかね。

宮本　東大裁判の審理が始まるころじゃないかな。安田講堂事件の後だと思うのは、そのときに鈴木さんと私が所長代行のところに呼ばれていったついでに、お前たち、東大事件の審理についての審理方針の案をつくれと言われましたから。そしてわれわれ二人でつくるわけですよ。

大出　ということは、一九六九年の前半あたりですかね。呼ばれたというのは、若手判事補の動きが目に付くような状況があって、それを告げ口した人間がいるということでしょう。そうすると、裁判所としては徐々にそういう動きを何らかの形で警戒するというか、気になり始めていたということですかね。

宮本　私たちとしては、判事補会全体としての総意としてやっていたのだけれども、最高裁なり、所長代行側から見ると、青法協の会員裁判官のアクティブな連中が判事補会の動きをやらせていたというふうに勘繰ったかもしれない。

大出　それが裁判所全体の動きとどう絡んでいたんでしょうね。

宮本　それは分かりませんけど、とにかく事実としてこういうことがありましたということです。

大出　「司法の危機」の予兆という感じもしますが、今となってはということで、話を進めたいと思います。

■3　再任拒否はどのように見えていたのか

大出　ところで、この間、再任拒否当時の状況について何人かの方々にお話を伺ってきましたが、とくにメディア関係者の方が、再任拒否をめぐる状況をどう見られて、対応されていたのかということを少し確認しておきたいと思います。その前提として、メディアの方たちとの接点がどのように形成されていたのかから伺っておきたいと思いますが。

宮本　東京に赴任したときからですね。一九六七年ですが、そもそも刑事一六部の裁判官室にはかなり自由に新聞記者が出入りしていました。

大出　記者の人に伺うと一六部だけでなく、裁判官室にメディアが結構自由に出入りしていたみたいですね。

宮本　今では考えられないですね。今は書記官室を通らなければ裁判官室に入れないという構造になっていますが、あのころは、廊下から直接裁判官室に入れるし、そこでチェックする人は誰もいない。構造の問題もありますが、メディアが関心を持って追いかけるような事件を一六部では初めからずっと持っていました。学生事件ですけれどね。第一次安田講堂事件という、その後続くことになる東大紛争の発端になった医学部をめぐる青医連（青年医師連合）関係の事件がわれわれのところに配点されていたわけですが、それ以外にもその種の事件がありました（※二三八頁参照）。それが一つ目、二つ目には、裁判長の浦辺衛さんがわりとフランクに新聞記者と話をしたということがある。それからついでに私も自分の持っていた単独事件や、合議事件の主任事件などについて、新聞記者にいろいろ自由に話をしていた。そういうことがいろいろあってよく来ていましたね。安田講堂事件を中心とする第二次東大事件の関係の弁護人の人たちも年中出入りしていました。その他にも、学生の公安事件ではない、従前からの公安事件も何件かあって、内藤功さんとか、亡くなった松本善明さんといった人たちも出入りしていた。

大出　そういう状況の中で当時の司法担当記者の人たちが出入りしていたということですか。

宮本　NHKの大治浩之輔さんとか、読売新聞の滝鼻卓雄さんとかね。一番若かったのが、東京新聞の飯室勝彦さんだったと思いますね。

大出　そのような日常的な接触があれば、どのように考えて、何をやっているか、といったことはそれなりに分かっていたということもあるのでしょうね。

宮本　再任問題が起きたときに、おかしいのは最高裁のほうで、青法協裁判官ではないということを、その人たちが感覚的に鋭い受け止め方をされたということはあったと思いますね。

大出　一九七〇年五月には熊本に移りますよね。熊本に移った時点では、東京でそれまで付き合っていたメディアの人たちとの関係は一応切れているわけですか。

宮本　そうですね。熊本に行ってからも、東京から連絡を受けている地元の支局の記者などはちらちら来ていましたけれどもね。

大出　そうすると、再任拒否関連の話で、あらためて東京地裁にいたときに付き合いのあったメディアの人たちがコンタクトをとってきたというのは、再任拒否がかなり現実的な話になってきてからですかね。
宮本　そうですね。
大出　それで冒頭に話のあったように、三月三一日の夜中に突然何人かの記者から電話がかかってくるわけですね。
宮本　確か三人で、皆知り合いの人だったのですが、どうも誰だったか覚えていないのです。
大出　一人は大治さんだったということは分かりましたよね。大治さんが、認めていましたし、大治さんがペンネームで「マスコミ市民」の一九七一年の六月号に書かれた文章の中に出てきます（一五頁）。要は、三月三一日に、司法記者クラブで再任拒否の有無をめぐって三度にわたって事務総局の矢崎憲正事務次長等と行った会見の内容が詳細に紹介されています。その重要な部分は後で紹介しますが、最後の夜の九時から始まった矢口洪一人事局長との会見は、午前一時過ぎまで続いたものの結局埒があかず、夜中の三時過ぎになって、「宮本判事補に直接〝噂〟について訊きたい」という思いに駆られて、先輩の記者に相談したところ、否定されなかったので電話をされたということです。それはともかく、矢口氏との長時間に及んだ会見は、緊張感に包まれた長い沈黙が続く、腹の探り合いといった会見だったようで、結局具体的な言質を取ることができなかったものの大治さんが最も核心を突いたと思ったであろう部分を引用しておきます（一二頁）。

緊張感を抑えて、質問をぶつけた。

——矢口さん、再任について判断する際に思考と、つまり物の考え方とか、法律判断が対象になることがありますか。

瞬間、矢口局長の顔が紅潮した、と思った。いったん大きく上体を揺すって矢口局長は腕を組み、「うーん」と小さい声を響かせながら天井をにらんだ。

五秒、十秒、二十秒（と感じた）。動かない。しかし今夜、私としては、はじめて見た動きだ。動揺している…しめた！　矢は当たった…と思った。

──局長、その理由で、東京で再任拒否が出たのではないですか。

途端に、矢口局長にゆとりがよみがえり、

「いつの話ですか」

ときた。

…しまった！　熊本とぶつけるべきだったか…と思ったがもう遅かった。しかし、再任拒否が出たことはほぼ間違いないのではないか？…

大出　さらに会見は続いたのですが、結局埒があかず、前述のように電話をされることになったということです。それでも、結局、いずれの社も確信を得られず、四月一日の朝刊では出なかった。毎日新聞が夕刊で出しただけでしたね。メディアの関係者が四月一日の昼ごろ裁判所に集まってきたという話がありましたが。

宮本　四月一日に集まってきたのは地元の記者ですよ。

大出　東京から来た人間はいなかったわけですね。でも、情報は東京から来ていたわけでしょう。

宮本　東京から裏を取れとか言われて来たわけで、せいぜい福岡じゃないかな。

大出　東京からわざわざ来た記者もいたと思うのですが、記憶されている方はいますか。

宮本　来た人がいたと思うのですが、もう思い出せないですね。滝鼻さんが来たと思うのですが、いつだったのかは、記憶にないですね。

大出　ご本人によれば、四月一三日に、福岡高裁に寄って東京に行かれたときに、福岡まで一緒だったと言われていますけど。メディア関係者について他に記憶されていることで伺っておいた方がいいことはありますか。

宮本　週刊朝日と朝日新聞が、再任拒否を決めた最高裁の裁判官会議の内容を書いて、最高裁からの抗議を受けて、取り消して謝罪をしてしまいましたが、私が弁護士になってからですが、その記事を書いた記者の人がわざわざ事務所を訪ねてきて、あの記事は基本的には間違っていなかったのだと言っていたのは、今でも忘れられないですね。

大出　飯室さんの話の中に、当時記者クラブでは、判例時報四九一号に載った長岡支部で関わった全電通長岡電報電話局事件公労法一七条違憲判決が、再任拒否の理由ではないかという見方がありましたが、想定したことはあったのですか。

宮本　ありません。でも、長岡から東京に異動した際、最高裁の総務局にいたことのある長井澄さんが、民事一四部の総括をしていて、挨拶をしたら私のことを知っておられて、しかもその判決について、「君の最後っ屁は大きかったからね」と言われたので、驚いたということはありました。

大出　ところで、最近になって、『裁判官も人である』（講談社・二〇二〇年）という本が出版されて、その中で守屋さんが「司法の危機」の時期に最高裁に上申書を出していたという話が出てきますが、ご存知でしたか。

宮本　当時そのような話を聞いたことはありませんでした。しかし、本を書かれた岩瀬龍哉という人から取材を受けた際、守屋さんが上申書を出していたという話を聞かされびっくりしました。どういうルートでそのことを知ったのかは聞けませんでしたが、多分事実なのでしょう。その中では、おおむね「自分が勧誘して青法協に加入させた裁判官に脱会を勧め、それが済んだら自分自身も脱会する」といったことを書いていたというのです（同書一七一～一七二頁）。しかし、守屋さんが他の青法協会員を脱会させたということは聞いたことがありませんし、ご自身も脱会しませんでした。守屋さんは、そのことで私が再任を拒否されることになった責任を感じていたからだろうといったことも書いてありますが、それは違いますね。ご自分の信念を貫いたのだと思います。最後まで退会せずに裁判所に定年まで残った守屋さんが一番苦労されたと思います。その後、事情を確認する機会があり、当時守屋さんと同じ東京家裁にいた高野耕一と糟谷忠男という判事二人と市川四郎所長など上層部が最高裁関係者とコンタクトをとりながら総がかりで、脱会工作をしていたことを知りました。そのような状況で、さすがの守屋さんも、魔が差したのかもしれません。ですから他の会員に脱会工作もしなかったのでしょうし、脱会もしなかったのだと思いますから、私から言うことは何もありません。

東大事件と欠席裁判：一九六〇年代後半から全国の大学医学部学生を中心に医師国家試験反対、インターン制度反対の動きがはじまり、一九六八年一月には東大医学部学生大会が無期限ストライキを決議して大学当局と対決するに至った。大学当局が学生・研修医一七名を処分したのに対してその撤回を求める学生らの一部が同年三月二七日安田講堂を占拠し、大学当局（大河内一男総長）は六月一七日警視庁機動隊を導入して占拠学生らを退去させ、うち三人が起訴された（第一次安田講堂事件）。

この機動隊導入が、「大学の自治」の放棄として医学部だけでなく全学部学生および教職員の反発を招き、七月二日学生ら二五〇人がふたたび安田講堂を占拠した。七月五日東大全学共闘会議（東大全共闘）の結成、一〇月上旬から全学部の学生自治会による全学無期限ストライキに入った。

その後、大学当局（加藤一郎総長代行）と学生側の交渉が効を奏しない間、一二月二九日 一九六九年度の入学試験中止が決定、翌一月四日大学当局（加藤代行）が非常事態を宣言して同月九日機動隊導入を要請し、一八日から一九日にかけて機動隊による安田講堂封鎖解除が強行された（第二次安田講堂事件）。

第一次安田講堂事件は東京地裁の一ヶ部（刑事一六部）で審理されたが、第二次安田講堂関連での逮捕者は七六七人（うち安田講堂六三三人）、起訴者六一六人に及んだため、東京地裁はこの学生らを一〇人～二〇人のグループに分けて刑事二五部を除く全合議部で分割して審理することとした。被告人、弁護人らはこれに対して統一公判を要求して反発し、被告人らは公判当日に衣服を水に浸ける、全裸になるなどして出廷を拒んだため、多くの係属部で刑訴法二五六条の二に基づく欠席裁判手続を決定し、被告人欠席のままで審理、判決を言い渡した。

（宮本康昭）

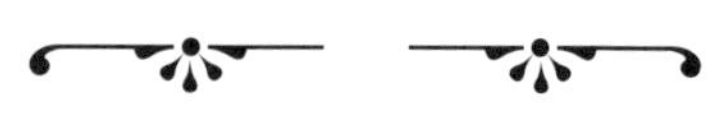

第4章　司法改革の到達点と現在

1　司法改革の到達点をどうみるか

大出　ここまで歴史的経緯にかかわる落ち穂拾い的なことをしてきましたが、最後に現状をどう見るのかという点について伺っておきたいと思います。まず、司法改革の到達点をどう評価するかですが、総括的にはどう見ていられますか。

宮本　市民の司法が一定程度実現したということは言えると思います。司法を国民の側に一歩近づけたという評価はできるのではないですか。

大出　賛成ですね。ともかくも国民参加の裁判員制度を導入したことは大きかったと思いますが、それ以外の点についてはいかがですか。

宮本　裁判員制度以外にも、法テラス（日本司法支援センター）が創設されて、司法へのアクセス可能性が格段に改善されましたね。法テラスの創設は民事だけでなく、被疑者国選弁護制度の導入にとっても重要な改革でした。弁護の自主性・独立性を守って、早期の被疑者に対する弁護人の援助を実現することになりました。

大出　刑事手続の運用に変化が生まれていることは間違いないですね。

宮本　身体拘束に関わっては勾留却下率、準抗告認容率、保釈率がいずれも上昇していますし、不起訴率も上がっています。不起訴率が上がったのは、検事の人権感覚が良くなったのかといえば間違いで、すべての勾留被疑者に対する国選弁護が実現して弁護士が示談すべきところはするとか、主張するところはするとかやっているからですね。

大出　原則黙秘といった弁護活動も広がっていますしね。これまでのように拘束して自白させればよいというような中途半端な拘束は、通用しなくなりますね。

宮本　起訴できずに不起訴で落すということが顕著に出てきていると思います。見えやすいところで、刑事についてあげてみましたが、司法の透明化が実現したことも重要ですね。裁判官の指名とか、裁判官評価とか、検察審査会の強制起訴とか、そういうところで市民が発言したり、市民が参加するということが出てきたという面もあると思います。

ですから三つですね。市民の司法の実現、司法の透明化、国民の側のチェックと発言の手がかりが多くなったこと、といったところですかね。それに、個別には労働審判制度なんかもありますけど。総論的には、誤解を恐れずに言えば、法曹人口が増えたということも大きいと思います。法曹人口を減らせとか、合格者をもっと少なくしろというのが日弁連では大きな声になっていますが。

大出　大きな声で批判している人たちがいるということは間違いないですね。

宮本　そうです。でも、一時的には、個々の弁護士にとっての需要は減少したように見えることがあるにせよ、弁護士が増えてアクセス可能性が拡大することで、将来的に需要が大幅に喚起される可能性があるので、長期的な視点が不可欠です。

大出　それで、一点確認しておきたいのですが、法曹養成の人数というのは、当初の予定からすると半分になったわけです。予定では、すでに三〇〇〇人になっていておかしくないわけですが、そうはならなかった。その原因は、複合的だとは思っていますが、法曹人口問題と合わせて法科大学院問題をどう見ておられるのか伺っておきたいと思いますが。

宮本　先日、政府の立場で司法改革に関わったある人物に会ったのですよ。そうしたらその人と法科大学院問題で意見が一致してしまいました。一致したのは、一番の責任は文科省だということ。文部官僚が自分の手柄を広げるために法科大学院を希望しているところ全部にばらまいてしまったのだと言っていた。私もそう思う。それと、全体としての法曹養成制度の設計について日弁連も間違えたと思う。合格者を三〇〇〇人にして、法科大学院の中から七割、八割合格させるということを立てておいて、一方で法科大学院の入学者が当初七千何百人になったのですよ。それでは、計算が合わない。

大出　それで、そこを「朝日」が突いたわけです。それでまず足元すくわれましたね。つまり七〜八割合格というのは嘘で、結局二〜三割合格にしかならないじゃないかという記事が、そもそもの躓きのきっかけですね。

宮本　法曹養成の改革は一定の成果を上げたわけで、法科大学院はつくってよかったと思うし、法曹人口増加はよかったと思うけれども、制度設計が甘かったというか、間違えたところがある。

大出　私の認識では、当初は、数の上では二〜三割合格ということにならざるを得ないというのはそのとおりということでしたが、制度設計との関係で言うと、将来的に合格者を七、八割に、そこまで法曹人口を増やすということに何とか持っていけないかと思っていました。ところが、もう一つ厄介なのは、文科省との関係で言うと、大学の問題でもあったわけです。大学が法曹養成の何たるかについて、教員のあいだでも必ずしも十分分かっていなかった。

宮本　つまり、みんなが手を挙げたというのは、大学が自分の看板を大きく見せるためでしょう。

大出　そのとき、文科省が何とかすればよかったということはあるのですけれども、他方で大学経営との関係を文科省は無視できなかったという面があったのだろうと思っています。看板を大きくするというときに、私学で法学部を持っているところでは、法学部に人気がなくなると大学経営にとって困るわけです。法学部というのは経営効率がよいのですよ。つまり、お金をかけないで学生を集められるという、経営にとって一番都合のいい学部が法学部なので、法科大学院をつくらないと学生が集められなくなる危険性があるという意味で、私学経営にとって生命線です。それで、私学関係からの強い要請があったのではないかと推測しています。それが恐らく裏の事情だったと思うのですが、それで結局文科省はばらまきをやった。

宮本　今の話には、異論はありません。全部賛同します。

大出　法曹養成までいきましたが、その他で何かありますか。やり残したことという意味ではどうですか。

宮本　司法の官僚的な体質に全然手をつけることができなかったことですね。司法官僚制の打破という当初の目標を達成できなかったわけで、これから先はそれを目標に司法改革を進めなければいけないと思う。日弁連は、一時期、第二次司法改革ということを言って今後陪審制、法曹一元の課題に取り組むことを掲げていたのですよ。ところが、今はそれを言わなくなってしまった。言わないし、それを考える組織もなくしてしまった。これは日弁連、弁護士層の大きな課題だと思うので、これは何とかやり直さなければいけない。

2　司法をめぐる今――「司法の危機」から五〇年

大出　改革に中心的な役割を果たしてきた日弁連の姿勢のこの間の変化についてのお話がありました。「司法の危機」、主として再任拒否から始めて「司法改革」まで可能な範囲で鳥瞰してきましたが、なお司法をめぐる否定的な状況は解消されたわけではない、あるいは新たな否定的状況が生まれているということかもしれません。最後にあらためて伺っておきたいと思いますが、時代認識として、「司法の危機」は解消されたということになるのでしょうか。

宮本　残念ながら、再び「司法の危機」が迫っているとも感じますね。

大出　それはどうしてそう感じているのですか。再任拒否の原因になった司法の問題を改革することに意を尽くされてきたわけですけれども、現状認識というか、この国の司法権の位置づけに対する認識というのは、そう変わっていないということでしょうか。

宮本　司法の基本的な体質が変わらない。部分的な改善は行われてきたということはあるわけです。今度の司法改革もその一つでしょう。だけど、いま言ったように基本的体質は変わらない。その体質が変わらないところへもってきて、政治状況が、この前のときと同じように、あるいはもっとひどくなってきている。

大出　前のときというのは、再任拒否のときのことですね。

宮本　そう。「司法の危機」のときです。今の司法は、政治権力との対抗関係で、良くも悪くも司法権の独立を守るという姿勢が弱くなってきている。そうすると、もしかすると同じようなことがまた行われかもしれないと思います。

大出　政治権力との関係ということでは、事態の変化というのはそうあるわけじゃないですよね。なぜかというと、システム自体がそうなっていないわけですから。何か、その他の事情ということがありますか。

宮本　ちょっと違うのは、いわゆる「司法の危機」の時代は、最高裁が、やらされたという面はあるにせよ、自分でやったという面が大きいと思います。今の司法権力は自分でそれをやろうというところまではいっていない。せいぜい、ブリーフ姿の写真をＳＮＳに投稿した判事をあまり本質的でないことで処分するとか、その程度でしょう。

むしろ、今、政治権力のほうが最高裁判事の具体的な人事に口を出したり、手を突っ込んだりしている。

これは新聞で報道されていることですが、ひところ新聞ダネになった、例の前厚労省官房長の夫の定塚誠裁判官が、法務省の訟務局長だった時期が一時期あるわけで、定塚さんが例の辺野古の訴訟を担当した多見谷寿郎裁判官と東京高裁で同僚だったことにかこつけて連絡を取り合っていたとされています（二〇一九年二月六日メディアウォッチ一〇〇・五頁〔琉球朝日放送・具志堅勝也氏のレポート〕）。政府の中に当時の菅官房長官直轄の辺野古対策班がつくられていてその三人の中の一人がその定塚さんだったのです。そういった格好で裁判の内容に介入するということを、安倍政権の下での政治権力がやっていたとされている。最高裁が以前みたいに司法統制、思想統制という形でやり出すのを待つまでもなくね。

大出　そこがどこまでどうなのかというあたりは、もちろん推測の域を出ない部分があるので迂闊なことは言えないにしても、具体的にそこは忖度ということが言われるような形で、司法自体がまったくぐずるずるになり、前によく言われたように壟断されていることになっているのか。それとも矢口流ではないかもしれないが、肝心なところでは妥協するもやむなしということで事態を動かしているのか。いまの言い方ですと、およそ最高裁は対抗する意欲も力もないということにも聞こえますが。

宮本　そこまでは言っていないですけどね。

大出　妥協線を探っているというところですか。

宮本　この前の山口厚最高裁判事の人事なんかは最高裁が政権の意向を受け入れるという形でやってい

る。あのときは、最高裁は慣例に従って日弁連から推薦のあった弁護士の候補者七名を内閣に推薦し、これも慣例に従い日弁連会長はその中の二名を強く推すと伝えたと言われています。ところが、内閣の対応にあたった補佐官が、名簿以外の人はいませんかと最高裁に問いかけ、それで最高裁は、日弁連には相談せず、日弁連ではまったく推薦していなかった山口氏を推薦することになったといいます。これは日弁連の推薦などはまったく無視でやっているけれども、政権とはそれなりに何とか妥協しつつ、最高裁の自主性は保ちたいというところはあるのでしょう。

大出　だとすると、「司法の危機」の前の状況とどこがどのように同じなのか、違うのかというと、どうなりますか。

宮本　一言で言うと、政権があざとく行動しているのに比べると、司法権のほうは、まだそこまでには至っていない。だけども非常に危ういということではある。

大出　危ういという認識を最高裁側は持って行動しているということですか。

宮本　持っているとは思いますけどね。

大出　そうでなければ困りますけれどね。完全に壟断されているということには必ずしもなっているわけではないわけで、ぎりぎりの一線を守りながらやむを得ないというところでは手を打っているということですかね。そのことがあのときの状況と何が違うのかといったときに、石田和外みたいな長官がいたからああいう事態になってしまった。

宮本　それを、いま言おうと思っていたのです。今は石田がいないわけ。

大出　そのことでとりあえずは何とかなっている。ただ、そうなってきて、長官人事にまで手を突っ込んでこられると事態は変わるかもしれない。

宮本　今度だと思いますよ。

大出　今の大谷直人長官の後が問題だということですね。

宮本　「司法の危機」の際には、石田和外を据えるということになりましたからね。

大出　たとえば弁護士出身者の中にいたりしませんか。まさかとは思いますけれども。

宮本　それはないでしょう。むしろ、どこからか連れてくる可能性があるのでは。

大出　それはまた異例中の異例ということになるじゃないですか。

宮本　そうだけれども、あり得ると思う。

大出　そういう意味では弁護士出身者ということも考えられませんか。

宮本　弁護士でも何でもない人でもあり得るわけでしょう。

大出　でも、それはあまりにも露骨に過ぎるというところがあるじゃないですか。石田和外だって、裁判所内部からだったから説明がついたといったところがあったでしょう。

宮本　その露骨なことをするのが、最近の政権じゃないの。最近では、東京高検検事長の検事総長任含みの定年延長が問題になったでしょう。

大出　確かに、ちょっと前には、ＮＨＫ会長、日銀総裁、内閣法制局長官、それに国税庁長官の人事もありましたね。さすがに最後の人事は、途中で頓挫しましたけど。それに、最高裁や裁判所自体の裁判の最近の動きも解せないですね。

宮本　市民感覚を無視する裁判が続いているでしょう。たとえば、二〇一六年の一二月に相次いだ判決があるでしょう。厚木基地の飛行差止めを認めた東京高裁の判断を破棄して、差止め請求を棄却した第一小法廷（小池裕・櫻井龍子・池上政幸・大谷直人・木澤克之）に続いて、第二小法廷（鬼丸かおる・小貫芳信・山本庸幸・菅野博之）が、沖縄の辺野古の埋め立て承認を取り消した県を訴えた国の主張を認めたでしょう。

大出　昨（二〇一九）年六月に、再審の大崎事件の開始決定を特別抗告審で取り消した第一小法廷（小池裕・池上政幸・木澤克之・山口厚・深山卓也）の決定なんかも信じがたい決定でしたね。

宮本　定数是正訴訟の迷走ぶりも困ったものです。二〇一二年の大法廷判決が、違憲状態を是正する立法措置を求めたにもかかわらず是正措置が講じられていないことに対して最高裁の方が後退的対応を続け、それに高裁までが追随することになっているじゃないですか。高裁ということでは、袴田事件の開始決定の取消しや原発訴訟のことごとくで住民の主張を斥けた判断もひどいです。

3　さらなる「司法改革」を──結びにかえて

(1)　司法の現状

大出　それでも先日（二〇二〇年一月一七日）広島高裁が、伊方原発の運転差止めの仮処分を認めましたけど、下級裁判所にはまだ期待ができるという面もあるのではないですか。再審では、袴田も大崎も下級審はまともな判断をしていましたし、松橋事件や日野町事件、それに湖東病院事件でも再審開始決定が生まれていますが。

宮本　刑事の事実誤認などは、政治的配慮の入る余地が少ないということがあると思いますが。
　伊方原発訴訟の森一岳裁判長は、決定直後の一月二五日づけで定年退官でしたから、一時代前の裁判所の状況を思い出させるパターンだったりします。

大出　それはどういうことだと思われているのですか。裁判所内部に抵抗力がなくなったということですか。

宮本　全体として裁判官は、これまでのいろいろな統制とか教育が効いてきていて、優しくなっていますよね。骨太に自己主張するとか、場合によっては抵抗するとか、そういう姿勢が全体としてないでしょう。そこへ持ってきて青法協裁判官部会やその後身の如月会もなければ裁判官懇話会もないわけで、個々の裁判官の中に、裁判官の独立や思想・良心の自由を守っていく拠って立つところがなくなり、部内で声を上げる力が出しにくくなっているのではないかと思いますけど。

大出　そうすると、最高裁が意図しないような形で、若い裁判官たちは、いやになったらさっさと辞めてしまうとか、総崩れを起こすという危険性もあるのではないかという感じはするのですけどね。

宮本　そうかもしれない。

大出　そうなったら、後の祭りと言えば後の祭りですけれどもね。最高裁はそれを予測しているかどうか分からない。でも、縛りを強くしてさらに統制をかけようとすると、そういうことになる可能性もなきにしもあらずかもしれませんね。いずれにせよ事態は、司法改革へ向けての雰囲気が盛り上がっていたときとは明らかに異なってきていることも気になります。

(2) さらなる司法改革の実現を

宮本　二〇世紀末からの司法改革は、すでに述べましたように日弁連の運動の力が大きかったとはいえ、司法の実情に疑問を持った市民の支えがあったことは間違いありませんでした。ですから、あらためて司法の実情を多くの市民に知っていただき「市民による市民のための司法」を実現するための力を結集することが重要です。

大出　前回の司法改革の積み残しはどういうことになりますか。

宮本　さっきも言った司法官僚制の打破ということでしょう。官僚裁判官制度（キャリアシステム―子飼い裁判官制度）を中軸とする裁判官の階層秩序（ヒエラルキー）と、中央集権的な統制の仕組みをなくすことです。

大出　なぜ司法官僚制は残ったのですかね。

宮本　最高裁の抵抗が執拗でかつすさまじいもので、これを市民の側が打ち破ることができなかったということです。

大出　その抵抗の意味というのはどういうことですか。

宮本　現在のわが国の官僚司法の存立が危ぶまれるという危機意識が当局者にはあったのだと思います。「市民の司法」を目指す人たちは現在のわが国の司法のあり方そのものが問題だ、と考えるから「市民による司法」、つまり司法を自分たち市民の手に取り戻すことを掲げており、これはこの問題に正面から切り込むことを目指していました。国民の司法参加、つまり「陪審制」も子飼いの裁判官を排する「法曹一元」もその具体化でした。司法官僚たちにとっては、それでは自分たちの居所がなくなる、という危機感を持って動いた、と思います。

大出　とすれば、打開策はどういうことになりますか。官僚制に変わる司法権の独立を支える基盤をどう確保するかということになりませんか。

宮本　そうだと思います。司法官僚による司法に代わるものを構築することです。

大出　前回の改革で、裁判員裁判や検察審査会の権限強化によって、直接的な国民の参加による基盤の強化がいかに重要かということに司法官僚は気がついたのではないかと思いますが。その拡充の展望ということで考えられることはありますか。

宮本　裁判員裁判については、対象事件を拡充し、陪審も導入すると同時に、民事、行政に国民参加を導入することは検討すべきでしょう。

大出　裁判官の質についてはどうですか。

宮本　あらためて法曹一元の実現を追求する必要がありますね。

大出　そのためには、長期的な視点での改革運動をあらためて展開する必要がありそうですから、とりあえずは、裁判員経験者の人たちが、裁判所も無視できない裁判所を支える批判者として成長していくことを期待したいですが、原発や基地問題、それに再審など運動に取り組まれている方たちの力を結集することも重要ですね。

宮本　日弁連もそのような力を再結集するさらなる司法改革へ向けての態勢の再編成が必要だと思います。委員会や本部による活動を考えるべきでしょう。そのためには、あらためて日弁連を支える任意の研究会などの組織化も重要だと思います。

大出　「市民による市民のための司法」実現のためには、まだまだ道遠しということでしょうか。

宮本　いまいくつか挙げたようなことから、司法が本来の役割を果たしているのか、政治権力と一体化する方に向かっているのではないか、という市民の疑念と批判が、ふたたび生まれ始めていると思います。「市民の司法」実現に向けた市民のエネルギーが、いつになるのか分かりませんけど、いま一度今の司法を揺るがすものとなることを期待しています。

11.30	司法制度改革推進本部解散		
12.01	裁判外紛争解決手続の利用の促進に関する法律（ADR基本法）公布		
2005年			
02.11	第19回全国裁判官懇話会		
04.01	行政事件訴訟法の一部を改正する法律施行		
04.01	知的財産高等裁判所設置法施行		
04.01	日弁連「弁護士職務基本規程」施行		
2006年			
04.10	日本司法支援センター（法テラス）設立		
10.02	被疑者国選弁護制度施行・法テラス業務開始		
11.25	第20回全国裁判官懇話会（最終回）		
2009年			
05.21	裁判員裁判制度施行		
2010年			
11.01	裁判所法の一部を改正する法律施行（司法修習資金貸与法）		

2003年			
02.24	最高裁一般規則制定諮問委員会が「裁判所委員会規則」「司法修習委員会規則」を決定		
04.01	法科大学院の教育と司法試験等との連携等に関する法律施行		
05.30	日弁連理事会、刑事手続改革についての決議		
07.16	裁判の迅速化に関する法律施行		
07.19	日弁連第20回司法シンポジウム「裁判員制度の実現」		
07.25	司法制度改革のための裁判所法等の一部を改正する法律（非常勤裁判官制度創設）公布		
08.01	仲裁法公布		
10.28	裁判員制度・刑事検討会座長ペーパー「考えられる刑事裁判の充実・迅速化のための方策の概要について」公表		
2004年			
04.01	法科大学院への裁判官及び検察官その他の一般職の国家公務員の派遣に関する法律施行		
04.01	弁護士法の一部を改正する法律施行		
05.12	労働審判法公布		
05.28	裁判員の参加する刑事裁判に関する法律・刑事訴訟法等の一部を改正する法律公布		
06.02	総合法律支援法公布		
06.09	行政事件訴訟法の一部を改正する法律公布		
06.18	知的財産高等裁判所設置法公布		
06.18	判事補及び検事の弁護士職務経験に関する法律公布		

11.09	司法制度改革推進法成立		
12.01	司法制度改革推進本部設置（事務局に11の検討会を設置。法曹養成制度検討会、国際化検討会、司法アクセス検討会、ADR 検討会、仲裁検討会、労働検討会、法曹制度検討会、行政訴訟検討会、裁判員制度・刑事検討会、公的弁護制度検討会、のちに知的財産訴訟検討会）		
12.07	日弁連・最高裁「弁護士任官等に関する協議取りまとめ」成立		
2002年			
01.18	司法制度改革推進本部顧問会議第1回会議		
03.07	司法制度改革「推進計画（案）」		
03.19	「推進計画」閣議決定		
03.19	日弁連「推進計画」公表		
03.20	最高裁「推進計画」公表		
06.12	最高裁、裁判官指名過程について一般規則制定諮問委員会に諮問		
08.23	日弁連・最高裁「非常勤裁判官制度」創設を合意		
11.15	日弁連第19回司法シンポジウム「裁判官制度改革に向けた実践」		
11.27	最高裁、裁判所委員会と司法修習委員会について一般規則制定諮問委員会に諮問		
12.05	日弁連臨時総会（弁護士懲戒制度）		
12.24	最高裁一般規則制定諮問委員会が「裁判官指名諮問委員会設置規則」を決定		

11.19	日弁連「司法改革実現へ向けての基本的提言」		
12.21	審議会「論点整理」公表		
2000年			
03.18	審議会第１回公聴会（大阪、以下第４回まで福岡、札幌、東京で開催）		
05.18	自民党司法制度調査会「21世紀の司法の確かな一歩」発表		
08.03	日弁連、司法改革100万人署名第１次提出		
10.11	日弁連、司法改革100万人署名第２次提出（140万人）		
11.01	日弁連臨時総会（法曹人口、法曹養成制度）		
11.17	日弁連第18回司法シンポジウム「法曹一元と陪・参審の実現に向けて」		
11.20	審議会「中間報告」公表		
2001年			
02.09	日弁連臨時総会（事務所法人化）		
03.06	弁護士法改正案国会提出（弁護士法人制度）		
04.12	日弁連と最高裁、弁護士任官に関する協議会設置		
		04.26	小泉純一郎内閣発足
06.12	審議会「意見書」提出		
06.15	閣議決定「司法制度改革審議会意見に関する対処方針」		
07.01	内閣官房に司法制度改革推進準備室設置		
08.28	日弁連会長、小泉内閣総理大臣宛「要望書」提出		

03.15	大阪地裁、部総括選挙制度廃止決議		
10.28	経済団体連合会「規制の撤廃、緩和等に関する要望」		
11.29	第16回日弁連司法シンポ「法曹のありかたと法曹人口」		
1997年			
01.22	経済同友会「グローバル化に対応する企業法制の整備を目指して－民間主導の市場経済に向けた法制度と立法・司法の改革」		
06.12	自民党司法制度特別調査会発足		
08.	自民党司法制度特別調査会「司法制度の充実を目指して」		
11.11	自民党司法制度特別調査会「司法制度改革の基本的な方針」		
1998年			
05.19	経済団体連合会「司法制度改革についての意見」		
06.16	自民党司法制度特別調査会報告書「21世紀の司法の確かな指針」		
11.06	第17回日弁連司法シンポ「法曹一元の実現をめざす司法改革の実践」		
11.20	日弁連「司法改革ビジョン－市民に身近で信頼される司法を目指して」		
1999年			
04.01	日弁連司法改革実現本部発足		
06.02	司法制度改革審議会（審議会）設置法成立		
07.27	審議会第１回開催		
09.17	日本裁判官ネットワーク設立		

01.17	日弁連理事会「司法改革推進本部」設置決定		
04.01	日弁連「司法改革推進本部」発足		
11.27	第14回日弁連司法シンポ「市民とともに司法改革を考える」（福岡）		
1993年			
06.18	「拘禁二法案」再々度廃案		
		08.09	細川護煕内閣発足
1994年			
05.27	日弁連「司法改革に関する宣言－その三」		
06.30	経済同友会「現代日本社会の病理と処方－個人を活かす社会の実現へ向けて」		
09.30	第15回日弁連司法シンポ「市民と司法改革－市民とともに取り組む課題と実践」（札幌）		
10.12	「司法試験・法曹養成制度の抜本的改革案大綱」		
11.	法務省「1500人増員・修習期間短縮」提案		
1995年			
06.06	日弁連司法改革推進本部「司法改革全体構想」作成		
11.02	日弁連臨時総会、法曹養成の新提案承認		
11.15	第15回裁判官懇話会（出席者100名割れ）		
11.02	鈴木良男『日本の司法ここが問題－弁護士改造計画』で規制緩和的司法改革を主張		
1996年			

04.01	日弁連会長に中坊公平就任		
04.01	日弁連刑事弁護センター発足		
05.25	日弁連「司法改革に関する宣言」		
09.14	大分県弁護士会・名簿制当番弁護士制度開始		
		10.03	東西ドイツ統一
10.16	司法試験改革に関する「基本的合意」		
11.17	第13回日弁連司法シンポ「裁判の現状と改革の展望ー国民の司法への参加を考える」（東京）		
12.01	福岡県弁護士会、待機制当番弁護士制度開始		
12.13	多摩川水害最高裁判決		
1991年			
04.01	日弁連「司法改革に関する組織体制等検討委員会」発足		
04.01	「拘禁二法案」国会再々上程		
05.24	日弁連「司法改革に関する宣言ーその二」		
07.17	最高裁事務総局に調査室（司法制度の調査・研究）設置		
10.20	朝日新聞社説「開かれた司法への一歩に」		
11.25	日弁連「司法改革に関する組織体制等検討委員会」答申「司法改革とその展望」提出		
12.03	朝日新聞社説「利用しやすい裁判への道」		
12.12	大阪空港事件大法廷への回付報道		
		12.25	ソ連邦崩壊
1992年			

1983年			
11.28	「拘禁二法案」廃案		
1984年			
01.23	青法協裁判官部会、青法協から分離独立		
02.20	最高裁判事に矢口洪一就任		
1985年			
08.24	青法協裁判官部会「如月会」と名称変更		
11.05	最高裁長官に矢口洪一就任		
1986年			
01.01	中曽根首相「司法にオーバーランはないか」発言		
04.13	法務省司法試験改革案		
06.12	矢口長官「適正化」訓示		
1987年			
04.27	法務省、司法試験改革等を目的として「法曹基本問題懇談会」設置		
04.	「拘禁二法案」国会再上程		
1988年			
01.25	弁護士からの判事採用選考要領		
05.02	矢口最高裁長官、国民参加検討示唆		
12.03	第12回日弁連司法シンポ「法曹の責任（三）」（名古屋）		
1989年			
09.15	第32回人権大会シンポ（松江）		
		11.09	ベルリンの壁崩壊
1990年			
01.24	「拘禁二法案」再度廃案		
02.20	最高裁長官に草場良八就任		

1975年			
03.24	法曹三者協議会初回協議会		
		04.30	ベトナム戦争終結
05.20	最高裁、白鳥事件再審請求特別抗告審決定（白鳥決定）		
06.12	村上最高裁長官「効率化要求」訓示		
10.06	司法研修所長、司法修習生の規律保持について通達		
1976年			
04.15	30期司法修習生に「修習生心得」配布		
05.25	最高裁長官に藤林益三就任		
1977年			
08.26	最高裁長官に岡原昌男就任		
1978年			
03.07	「弁護人抜き裁判法案」国会上程		
1979年			
04.02	最高裁長官に服部高顯就任		
06.14	「弁護人抜き法案」廃案		
1980年			
03.22	最高裁事務総長に矢口洪一就任		
1981年			
07.	日弁連＝法務省「刑法問題意見交換会」		
12.16	最高裁、大阪空港判決（住民敗訴）		
1982年			
04.	「拘禁二法案」国会上程		
10.01	最高裁長官に寺田治郎就任		
11.22	東京高裁長官に矢口洪一就任		

1972年			
02.17	国会裁判官訴追委員会、青法協会員214名の訴追請求却下		
03.08	最高裁、14期裁判官全員再任決定		
04.01	新任判事補研修制度実施（参与判事補制度・新任判事補研鑽制度）		
		05.15	沖縄施政権返還
09.18	最高裁、参与判事補規則制定		
11.20	最高裁、参与判事補制度実施		
1973年			
01.01	石田長官「司法部攻撃を許さない」		
03.14	最高裁、15期裁判官全員再任指名 宮本裁判官、簡易裁判所判事の辞意表明		
04.25	最高裁、労働基本権の制約について合憲判決（判例変更）		
06.01	最高裁長官に村上朝一就任		
09.07	札幌地裁、長沼ナイキ基地訴訟自衛隊違憲判決		
12.01	日弁連第１回司法シンポジウム		
1974年			
01.22	最高裁、参与判事補規則改定（高裁所在地以外でも実施）		
02.10	全国裁判官懇話会（209名）		
03.28	最高裁と法務省、判検人事交流に合意		
05.29	「改正刑法草案」答申		
07.16	東京地裁、教科書検定合憲判決		
07.19	私立大政治活動制限合憲判決（昭和女子大事件）		

01.29	首相、衆議院で「青法協加入裁判官再任拒否しない」と答弁		
03.31	最高裁、宮本康昭判事補再任拒否・23期7名の任官拒否決定		
04.05	熊本地裁・家裁・簡裁、29裁判官再任要求と拒否理由告知を要請 司法研修所修了式で発言を求めたクラス委員会委員長の阪口徳雄修習生を罷免		
04.07	鈴木悦郎大分地裁判事補、宮本再任拒否に抗議し再任願撤回		
04.13	宮本判事補再任拒否確定 法学者600余名最高裁に再任拒否撤回要望		
05.08	日本弁護士連合会臨時総会で再任拒否・司法修習生罷免抗議		
05.24	宮本裁判官「再任再願」最高裁へ提出		
06.10	宮本裁判官、行政不服審査法に基づく異議申立		
		06.17	沖縄返還協定調印
06.22	大内兵衛、我妻栄ら154名「司法の危機に際し国民に訴う」声明		
09.08	宮本裁判官の行政不服審査法に基づく異議申立却下		
09.11	「司法の独立と日本の民主主義を考える集い」(1600名・九段会館)で「司法の独立と民主主義を守る国民連絡会議」結成確認		
10.02	裁判官懇話会(第1回)開催、210名出席		
12.01	最高裁、宮本裁判官の「再任申請」拒否決定		

1970年			
01.14	最高裁事務総局付青法協会員判事補全員10名青法協を脱会		
02.08	自民党、運動方針で青法協を名指しで攻撃		
04.18	長沼事件本訴被告国、福島裁判官忌避を申立		
04.01	青法協会員等司法修習生裁判官任官拒否（22期）		
04.08	岸盛一最高裁事務総長談話「最高裁公式見解」政治的中立性要求		
05.02	石田最高裁長官談話、裁判官としての思想基準を示す		
05.07	札幌地裁、福島裁判官忌避申立却下		
07.10	札幌高裁、福島裁判官忌避申立却下決定に対する即時抗告棄却		
10.19	国会裁判官訴追委員会、平賀不訴追・福島訴追猶予		
		10.21	防衛庁、第４次防衛計画発表
10.24	国会裁判官訴追委員会、裁判官213名に青法協退会の有無につき照会状送付		
12.22	飯守所長公開質問状（12/25所長解任）		
12.	最高裁人事局長に矢口洪一就任		
1971年			
01.12	最高裁判事に下田武三元駐米大使就任		
01.16	自民党、運動方針「裁判官の偏向を許さない」		
01.22	最高裁、司法行政協議会で裁判官の青法協加入問題について協議		

03.	最高裁「傍聴心得」を改定、傍聴心得掲示指示		
03.15	西郷法相「あそこだけは手が出せないが、もはや何らかの歯止めが必要になった」と発言		
04.02	最高裁大法廷、都教組事件上告審有罪判決破棄自判（無罪）		
04.23	最高裁、自民党の司法制度調査会設置に反対談話		
05.13	自民党・司法制度調査会設置		
06.03	長谷川茂治裁判官再任拒否・退官		
07.07	長沼町民札幌地裁に「保安林の指定解除の取り消し請求」（本訴）と「指定解除処分の執行停止」を申請		
08.14	福島重雄裁判官の自宅宛に平賀書簡が届けられる		
09.13	札幌地裁臨時裁判官会議、平賀健太札幌地裁所長に注意処分		
09.14	平賀書簡事件表面化		
10.01	飯守重任鹿児島地裁所長が自民党資金管理団体「国民協会」機関紙に福島判事、青法協を攻撃する「平賀書簡事件の背景」を投稿		
10.08	朝日新聞、飯守投稿を報道		
10.13	朝日新聞社説、裁判官の青法協加入を批判		
10.16	毎日新聞社説、裁判官の青法協加入を批判		
11.	最高裁事務総局付青法協会員判事補に退会勧告		
11.23	福島裁判官に対する訴追請求		
		12.27	総選挙、自民党300議席確保

10.26	最高裁大法廷、全逓中郵事件上告審破棄差戻、現業公務員の争議行為を刑事罰から解放		
1967年			
		03.13	長沼ナイキ基地設置を含む第三次防衛計画決定
03.29	札幌地裁、恵庭事件で自衛隊法についての憲法判断を回避して無罪判決		
		04.15	東京都知事に革新統一候補当選
09上旬-	「全貌」10月号（特集「裁判所の共産党員」）等による反青法協キャンペーンが一斉にはじまる		
10上旬	最高裁「全貌」10月号を購入、各地に配布		
1968年			
04.27	「週刊時事」『戦後の裁判』で「偏向」裁判批判		
06.15	最高裁「裁判所の庁舎の管理に関する規程」制定		
08.07	自由民主党機関紙「自由新報」、「偏向判決」・青法協攻撃開始		
09.10	新日本協議会、全裁判官へ「法秩序維持について意見書」送付		
10.20	赤沢国家公安委員長、学生事件での勾留裁判非難　勾留率急上昇		
10.25	八海事件第三次上告審最高裁有罪判決破棄自判無罪		
		11.11	琉球主席に革新統一候補当選
1969年			
01.11	最高裁長官に石田和外就任		
01.18			東大安田講堂事件

05.22	最高裁、ポポロ事件無罪破棄差戻判決		
09.12	最高裁、松川事件第二次上告審上告棄却（無罪）		
11.27	東京高裁、全逓中郵事件控訴審無罪判決破棄差戻		
		1964年	
		07.03	憲法調査会最終報告書を内閣に提出・公表
08.28	臨司意見書を内閣に提出・公表		
		10.10-	東京オリンピック開催
12.19	日弁連、臨司意見書につき４点で反対表明		
		1965年	
01.01	最高裁主任書記官等に管理職手当支給		
03.	ふたたび裁判官会議権限の委譲はじまる		
		04.04	米、北ベトナム爆撃開始
		06.22	日韓基本条約調印
		07.29	米、B52爆撃機沖縄から北ベトナム爆撃
		11.06	自民党、日韓基本条約強行採決
11.16	東京高裁、都教組事件控訴審無罪判決破棄（有罪）		
		1966年	
		01.18-	早稲田大学授業料値上げ反対で無期限ストライキ（-06.22）
05.23	最高裁長官、所長会同で青法協問題に言及		
		05.31	北海道長沼町にナイキ基地設置内定
08.09	最高裁長官に横田正俊就任		

		09.05	自由民主党高度経済成長政策発表
		10.12	浅沼稲次郎日本社会党委員長刺殺
10.20	最高裁、東京都公安条例合憲判決		
10.25	最高裁長官に横田喜三郎就任		
	1961年		
		03.15	防衛庁治安行動基準骨子発表
04.13	司法修習13期宮本康昭ら判事補任官		
		07.18	国防会議第二次防衛計画決定
08.08	仙台高裁、松川事件差戻審無罪判決		
10.07	日本民主法律家協会設立		
	1962年		
04.18	東京地裁、東京都教職員組合勤務評定反対ストライキ事件（都教組事件）無罪判決		
05.11	臨時司法制度調査会（臨司）設置法成立		
05.18	最高裁、八海事件第二次上告審無罪判決破棄差戻		
05.30	東京地裁、全逓信労働組合東京中央郵便局（全逓中郵）事件無罪判決		
09.01	臨司設置		
		10.22	米によるキューバへの核兵器持ち込み阻止のための海上封鎖（キューバ危機）
12.11			牧場経営者による自衛隊演習阻止のため通信線切断事件（恵庭事件）発生
	1963年		

03.30	東京地裁、砂川基地米軍駐留を違憲とする無罪判決（伊達判決）		
		04.13	日米安全保障条約改定交渉第1回会談
		04.15	日米安全保障条約阻止第一次統一行動
05.25	田中最高裁長官「裁判批判放置できぬ」と訓示		
07.22	最高裁、一審強化と訴訟促進を通達		
08.10	最高裁、松川事件有罪判決破棄差戻判決		
09.21	広島高裁、八海事件第一次差戻審無罪判決		
10.02	最高裁、裁判批判に対する威信確保を訓示		
11.16	最高裁、砂川事件無罪判決破棄差戻判決		
12.10	最高裁、各裁判所へ安保闘争参加者を処分すると通達		
		12.04	三井三池炭鉱1400名に指名解雇
		12.11	三池炭鉱ストライキ開始
	1960年		
		01.19	日米新安全保障条約調印
01.22	田中最高裁長官、刑事裁判官会同で法廷秩序維持強調の訓示		
		01.25	三池炭鉱ロックアウトにともない無期限ストライキ
		05.19-20	国会衆議院、日米新安保条約強行採決
		06.19	33万人国会包囲デモの中、日米新安保条約自然承認

01.	最高裁八海事件判決（1、2審）を批判する映画『真昼の暗黒』上映禁止を映画倫理規程管理委員会（旧映倫）に要請		
02.19	八海事件一審藤崎晙裁判長『八海事件－裁判官の弁明』出版		
03.22	文芸家協会言論出版表現問題委員会『真昼の暗黒』に対する最高裁の圧力があったことを国会法務委員会に提訴		
03.27	『真昼の暗黒』一般公開		
		05.01	熊本水俣病問題化
05.08	東京高裁、ポポロ事件検察控訴棄却（無罪維持）		
07.06	最高裁一審強化通達		
		12.20	国連総会、日本の加盟を決定
1957年			
01.12	最高裁、係属中の公安事件を担当する裁判官を集め事件処理の研究会		
03.13			菅生事件は日本共産党内に潜入したスパイ警察官による謀略であったことが判明
		07.08	駐留米軍立川基地拡張反対闘争参加者の基地内立入事件（砂川事件）発生
10.15	最高裁、八海事件第一次上告審有罪破棄差戻判決		
1958年			
05.06	東京地裁、東京都公安条例蒲田事件違憲判決		
06.09	福岡高裁、菅生事件無罪判決		
		11.21	国際労働機関（ILO）団結権の擁護・結社の自由勧告
1959年			

09.18	広島高裁、八海事件二審有罪判決		
09.26	最高裁、吹田事件公判で朝鮮戦争犠牲者に対する黙祷を黙認した訴訟指揮（吹田黙祷事件）に関連して「法廷の威信について」通達		
10.	広津和郎雑誌「中央公論」10月号で、松川事件有罪判決批判		
12.22	仙台高裁、松川事件二審有罪判決		
1954年			
		03.01	米、ビキニ水爆実験第五福竜丸放射能被曝
04.24	青年法律家協会（青法協）、憲法擁護・再軍備反対を目的に創立		
05.11	東京地裁、ポポロ事件無罪判決		
		07.01	防衛庁・自衛隊発足
1955年			
03.25	正木ひろし弁護士、八海事件判決を批判する『裁判官』を出版		
05.26	田中最高裁長官「雑音に耳をかすな」		
		11.15	自由民主党結成（保守合同）
11.27	下級裁判所事務処理規則４条を改定し、総括裁判官指名につき裁判官会議の意見をきくことから長官・所長の意見をきくことに変更 裁判官の勤務評定である考課調書を実施		
1956年			

		01.24	山口県熊毛郡麻郷村八海で強盗殺人事件（八海事件）発生
03.13	裁判官会議権限の長官・所長への委譲はじまる		
		09.08	サンフランシスコ平和条約・日米安全保障条約調印
1952年			
		02.20	東大学生劇団ポポロ公演に対する警察官スパイ摘発事件発生
		03.27	破壊活動防止法（破防法）案要綱発表
03.28	日弁連人権委員会総会、破防法反対決議		
		04.12	破防法反対第１波ストライキ
		04.18	破防法反対第２波ストライキ
		04.28	サンフランシスコ講和条約・日米安全保障条約発効
04.28	東京地裁、メーデーでの皇居前広場使用を不許可とした厚生大臣決定を取り消す判決		
		05.01	皇居前広場で警察隊がメーデー参加者を暴力的に弾圧したメーデー事件発生
06.02	山口地裁、八海事件一審判決、５人全員有罪（１名死刑）	06.02	大分県菅生村駐在所が爆破された菅生事件発生
		06.24	吹田市周辺で行われた労働者・学生中心の反戦集会・デモに対する弾圧事件（吹田事件）発生
		07.21	破防法公布・公安調査庁発足
		10.15	警察予備隊を保安隊に改組
1953年			
02.01	雑誌「世界」松川事件裁判批判特集		
		07.27	朝鮮戦争休戦協定調印

01.01	家庭裁判所発足		
06.10	弁護士法公布		
		07.04	日本国有鉄道（国鉄）第一次人員整理発表
		07.05	下山定則国鉄総裁が行方不明、翌日未明死体で発見（下山事件）
		07.13	国鉄第二次人員整理発表
		07.15	国鉄中央線三鷹駅で電車の暴走事件発生（三鷹事件）
		08.17	国鉄東北本線松川駅付近で列車脱線転覆事件発生（松川事件）
08.21	裁判所職員に対するレッドパージはじまる		
09.01	日本弁護士連合会発足		
1950年			
		01.01	マッカーサー、日本の自衛権強調
02.01	最高裁大法廷、下級審の違憲審査権を認める		
03.01	最高裁長官に田中耕太郎就任		
		06.25	朝鮮戦争はじまる
		07.08	警察予備隊創設
		07.11	日本労働組合総評議会結成
		07.28	新聞・通信・放送関係レッドパージ開始、以後各産業へ波及
		08.30	GHQ、全国労働組合連絡協議会の解散を指令
12.05	福島地裁、松川事件一審、被告人20人全員有罪（死刑５名）		
1951年			
		01.01	マッカーサー、講和と日本の再武装の必要を声明

戦後司法関係年表			
司法をめぐる動き		世界／日本の動き	
	1945年		
		08.15	天皇の「終戦の詔勅」放送（第二次世界大戦無条件降伏）
		10.24	国際連合正式発足
	1946年		
02.13	マッカーサー、憲法草案提示		
04.17	日本政府「憲法改正草案」公表		
11.03	日本国憲法公布		
	1947年		
05.03	日本国憲法施行 最高裁判所・司法研修所発足		
08.04	初代最高裁長官に三淵忠彦就任		
10.21	国家公務員法公布		
12.22	「家」制度を廃止した改正民法公布		
	1948年		
		01.16	ロイヤル米陸軍長官、日本の「反共の壁」化を声明
02.15	司法省廃止・法務庁発足		
07.07	福井市、全国初の公安条例公布		
		07.22	マッカーサー、公務員のスト禁止等要求
08.18	下級裁判所事務処理規則公布		
11.12	極東国際軍事裁判判決 東条英機等７名死刑		
		12.10	国際連合総会、世界人権宣言を採択
12.20	公共企業体労働関係法公布		
		12.24	岸信介らＡ級戦犯釈放
	1949年		

本書を編んで

一五年も前のことである。大出良知氏から相談したいことがあると連絡があった。会うといきなり「宮本さんも古稀だから記念の企てをしたい。一つはお祝の会、二つは古稀記念論文集を作る。三つは宮本さんの日常をテレビ映画にする。四つは司法に関わったできごとを、今はやりのオーラルヒストリーにしたい」。

按ずるに、これは大出さんのひとりの発想であって、だれかと相談したわけではないと思われる。しかし、きめたらひとりでやってしまう。大出さんは「行動する学者」だからである。

大出さんは冤罪と聞くと現場にとんで行く、再審というと救援会を作ってしまう、とにかく動くから「行動する学者」である。これはいいネーミングだと思う（私が作ったのである）。大出さんはかつて静岡大学時代に同僚に「静岡大学非常勤助教授」と呼ばれていたとのことであった。いつ連絡しても外に飛び出していて研究室にいないからである。これもいい呼び名だと思う。

それはとにかく、大出さんは提案したら自分で動いてやってしまう。「お祝いの会はありがたいけどどこでやるの」「弁護士会館の講堂でやります」「そんな！　二～三〇人があの広い講堂に集まっても仕様がないじゃないの」「講堂いっぱいにします」そしてほんとにいっぱいにしてしまったのである。そして私が「枕」と呼んだ分厚い記念論文集もできあがってしまった。

しかし三つめの映画は。映画はアクターが動かなければ「行動する学者」が動いてもできない。私は「映画作りはやめてくれ」と言い、それでも私の九州大学大学院の集中講義の場面を撮りに撮影スタッフが福岡まで追っかけて来たりしたが、私が非協力なのでとうとう沙汰止みになってしまった。

四つめのオーラルヒストリー、これは私もやる気だったが、私がアレコレけちをつけるものだからなかなか進まず、コロナに脅かされながらとうとう今日になった。それが本書である。

宮本　康昭

あとがき

本書は、いわゆる「司法の危機」の当事者であり、二〇世紀末に本格化した「司法制度改革」に重要な役割を果たした日弁連内部にあって中心的役割を担った宮本康昭氏に、「司法の危機」から「司法制度改革」までの経緯を振り返り、「司法制度改革」が「司法の危機」を一大画期とする司法の反動化、官僚化、硬直化に対する「市民のための司法」を実現するための取組みであったことをいわゆるオーラルヒーストリーという手法を軸に明らかにしていただくことを企図したものである。

というのも、私自身、「司法制度改革」を、「司法の危機」の延長線上に位置づけるという視点を持ち続けてきたからでもあった。それは、本文中でもいくらか言及させいただいたように、私にとって学生時代に遭遇した「司法の危機」は、その後司法問題に関心を持ち続ける出発点の一つであったからである。

それゆえ、司法改革が必要であり、その必要性が必然的であったことを明らかにするためにはあらためて「司法の危機」とは何だったのかを、できる限り実態に即して確認してみたいと考えることになった。そしてそれは、「司法の危機」から約三〇年という年月によって、その一時的に惹き起こされた事件を超え、司法全体にどのような影響を及ぼしたのかを具体的に確認してみることになると考えたからである。

その方法として思い立ったのが、どこまで有効か確信があったわけではないものの、その渦中にあった当事者にご登場いただき、時間の経過の助けを借りて、事態をあらためて可能な限り客観的に振り返ることだった。

その第一着手は、再任拒否のご本人であり、司法改革推進の日弁連の中心にいた宮本氏の古稀に託けて、ご本人と多くの関係者に「司法の危機」を振り返り、司法改革の意味を論じてもらうことであった。その成果が『市民の司法をめざして——宮本康昭先生古稀記念論文集』(本林徹ほか編・日本評論社・二〇〇六年)である。

第二着手は、平賀書簡事件の当事者である福島重雄氏に、長沼事件裁判と平賀書簡事件を当時親しく交流のあった青年法律家協会関係者と振り返ってもらったことである。その成果が、『長沼事件平賀書簡——35年目の証言・自衛隊違憲判決と司法の危機』(福島重雄ほか編著・日本評論社・二〇〇九年)である。

そして、第三着手が、本書であった。宮本氏には、第一着手にはもちろん、第二着手にも登場していただいているが、ご本人の発言は、なお断片的・公式的な内容であり、再任拒否をめぐる詳細はもちろん、司法改革をめぐっての詳細を伺うことはできていなかった。ということで、この宮本氏のオーラルヒーストリーが、事実上、前著「あとがき」で、「その後の司法問題の展開と司法制度改革の到達点についての検討に関わる部分については、続刊として出版を予定している。」としていた出版となった。

ということで、本書のためのヒアリングは、前著上梓の翌年の二〇一〇年にははじめることになった。ところが、直後に、私が勤務大学で行政職に就くことになってしまった。そのため、当初は断続的に継続していたものの、もっぱら私の事情で長期の空白のやむなきにいたってしまった。にもかかわらず、ヒアリングの再開に応じて下さっただけでなく、「司法制度改革」の経緯についてのご自身の論考の再録にも応じて下さった。そのことで、「司法の危機」の延長線上に「司法制度改革」を位置づけることを企図した本書の目的は、より説得力のある充実した内容として達成されることになったと考えている。

それにしても長期間を要することになった本書の上梓に激務の合間を縫って根気よく付き合ってくださった日本評論社串崎浩氏および武田彩氏には感謝の言葉もない。厚くお礼申し上げる。

大出　良知

【著者紹介】

宮本康昭（みやもと・やすあき）
弁護士（ひめしゃら法律事務所所属）

［略歴］

1959年４月　司法修習生（13期　福岡）
1961年４月　判事補（福岡・長岡・東京・熊本）
1971年４月　熊本簡裁判事
1973年５月　弁護士登録（東京弁護士会）
　　　　　　東弁司法問題対策特別委員会（委員長）
1974年６月　日弁連司法問題対策委員会委員
1991年２月　日弁連司法改革組織検討委員会委員長
1992年４月　日弁連司法改革推進センター事務局長
1999年４月　日弁連司法改革実現本部事務局長（本部長代行）
2002年７月　最高裁一般規則制定諮問委員会委員
2004年４月　東京経済大学現代法学部教授
2006年10月　法テラス常勤弁護士（法テラス多摩法律事務所所属）
2008年10月　法テラス東京副所長

大出良知（おおで・よしとも）
九州大学・東京経済大学名誉教授
弁護士（ひめしゃら法律事務所所属）

［略歴］

1978年３月　東京都立大学大学院社会科学研究科博士課程中途退学
　　　４月～　静岡大学人文学部法学科専任講師・助教授・教授
1991年４月～　九州大学法学部教授・同大学院法学研究院教授・同法科大学院長
2007年４月　東京経済大学現代法学部教授（至2018年３月）・
　　　　　　現代法学部長（2010年４月～2014年３月）

再任拒否と司法改革
——司法の危機から半世紀、いま司法は

2021年4月13日　第1版第1刷発行

著　者　宮本康昭・大出良知
発行所　株式会社日本評論社
〒170-8474　東京都豊島区南大塚3-12-4
電話　03-3987-8621（販売）　-8592（編集）
FAX　03-3987-8590（販売）　-8596（編集）
振替　00100-3-16　https://www.nippyo.co.jp/
印刷所　精文堂印刷
製本所　難波製本
装　幀　向後武男
検印省略

ISBN 978-4-535-52526-9　Printed in Japan